私募股权

“募投管退”全流程实战指南

陈雪涛　郑刚 / 著

中国经济出版社
CHINA ECONOMIC PUBLISHING HOUSE
北 京

图书在版编目（CIP）数据

私募股权："募投管退"全流程实战指南 / 陈雪涛，郑刚著．—北京：中国经济出版社，2023.3

ISBN 978-7-5136-7245-0

Ⅰ．①私… Ⅱ．①陈… ②郑… Ⅲ．①股权－投资基金－研究 Ⅳ．① F830.59

中国版本图书馆 CIP 数据核字（2023）第 036503 号

责任编辑 张梦初 高 鑫

责任印制 马小宾

封面设计 卓义云天

出版发行 中国经济出版社

印 刷 者 北京艾普海德印刷有限公司

经 销 者 各地新华书店

开 本 710mm × 1000mm 1/16

印 张 15.5

字 数 200 千字

版 次 2023 年 3 月第 1 版

印 次 2023 年 3 月第 1 次

定 价 65.00 元

广告经营许可证 京西工商广字第 8179 号

中国经济出版社 **网址** www.economyph.com **社址** 北京市东城区安定门外大街 58 号 **邮编** 100011

本版图书如存在印装质量问题，请与本社销售中心联系调换（联系电话：010-57512564）

自序

最近两年波谲云诡的国际环境导致我们看待未来的心态发生了变化。在股权投资领域，一些人刻意放缓投资速度或是切换赛道。实际上，在变化的环境中，社会也是不断发展的，投资行业永远都有春天。随着大环境的变化，作为投资人，认知触角、知识结构储备、人员配置也应该调整和改变，这才能够在风浪中立足，并且有所发展。

我们走上股权投资之路，也是一个不断探索、提高认知、调整方向的过程。在成为职业风险投资人之前，我在移动互联网企业做了十五年的高管。见证了中国互联网投资两次波澜壮阔的浪潮，第一次是2000年前后，彼时张朝阳带着尼葛洛庞帝的资本归国，缔造创业传奇；第二次是2010年前后，以王兴为代表的移动互联网投资兴起。2008年，正值中国两大互联网投资浪潮的交替期，我在威盛电子参与了美元投资工作，先后以美元基金投资了丁丁地图、街旁、钻石小鸟、中文在线等中国创业企业。

正是在这一时期，我关注到了资本与人才在全世界的流通，以及高科技创新与风险投资之间密不可分的关系。在美国，从硅谷到加州，风险投资拉动高科技企业高速发展，信息产业带来的商业模式创新，为整个社会的生活、生产方式带来深刻变革，这一切都诱导我开始关注风险投资。本书的另一作者郑刚也分享过类似的观点，郑刚的少年时代在厦门自贸区度过，他感受到的是开放交流的氛围。早在中学时代，他就坚信“科技与商业可以改变国家、改变个人命运”。我们的认知不谋而合，当然，他或许比我更敏锐一些。这个共识，也是我们决定合著这本《股权融资》的初因，我会在后面进一步展开介绍。

2012年，美国研发的科创和商业模式在中国市场遍地开花，甚至取得了更为长足的成功。那一年，我在五道口金融学院求学，当时的同学主要分成两类，一个是资本的圈子，话题的起步总是以亿为单位；一个是产业的圈子，筹集资金的过程总是阻难重重。我游走在两个群体之间，与资本聊资本，与产业聊产业，很快我就发现两个圈层之间并不互通，形成了一个狭长的中间地带——产业投资。事实上，在美国的融资总量中，直接融资的占比达78%以上，而现阶段，我国新增社会融资中直接融资比例仅约14%。我意识到，这正是我的优势与机会所在。

2014年，我开始在国内从事产业投资。一年后，麟玺资本的第一只基金成立，我至今记得签出的第一张300万支票给到了雷神科技，截至2022年，这家企业的估值已从4000万元增长至30亿元。

郑刚比我更早投身产业投资。2011年，郑刚开始从事天使投资工作，那一年，他无意中发现了陌陌，与唐岩面谈不到五分钟，就决定投资。在当时看来，这类社交软件并不一定有很大的发展机会——大家常常觉得，人们不太愿意去和陌生人交朋友，尤其是三十岁之后，很多人都不会去认识新的人。但郑刚不同，他始终坚信社交是一条巨大的赛道。从陌陌获得的收入，他又不断地去投资其他的好项目。这也是我俩的另一个共同点——至今秉持着“创业者+投资者”的心态，每当看到好项目，总有按捺不住的冲动想要参与其中。

《私募股权》这本书的出版，应该说是我与郑刚“蓄谋已久”的。我们两人是十多年的老友，相识甚早，相见恨晚。我一直认为，那些成为传奇的天使投资人，一定是兼具理性判断与理想情怀的。那会儿我在北京金融街开了个茶馆，供业内好友知己们小聚闲坐，十几年的外企高管从业经验，已经将我打磨得极具理性、极讲规矩。

而郑刚刚从美国归来，整个人都洋溢着海外精英的感性、情怀与艺术细胞。郑刚身上恰恰有着我所不具备的闪光点，十多年中我俩先后合作过锤子科技、理享家、上海铠琪科技等诸多早期项目，他的情怀与我的理性形成了完美的互补，而我们对投资的理解、对产业的理解，也在一次次的合作中更加透彻与合拍。

郑刚毕业于哥伦比亚大学商学院，有扎实的学术背景。他多次与我提到当时一部著作——《基业长青》对他产生了深远的影响，这本书讲述了伟大的公司为何伟大，为读者创造了理论参照体系。当时我刚完成五道口的系统学习，这次的系统学习让我发现，自己在移动互联网产业中数十年积累的经验与直觉，能够通过系统化的学习与梳理，升华为更凝练、普适的理论认知。这也正是系统学习无法被取代的原因。

我与郑刚再度在一件事情上达成了共识：将数十年的实践经历总结出一般规律，帮助更多读者发现、评价、衡量好的公司，这是一件非常有价值的事情。我们一拍即合，于是就有了这本《私募股权》。

郑刚曾分享过一个有趣的插曲，我认为很有启发性。郑刚曾在美资经济化工企业W. R. GRACE负责所有产品在上海的化工并购工作，当时，他曾发现了一家非常具有潜力的公司，也就是后来的确成股份。作为化工领域的“外行人”，他敏锐地察觉中国的混凝土行业将迎来技术的重大变革，但当他与众多业内资深人士分享这个发现时，很少有人相信这个变革会如此快地到来。这段经历再次证明了，很多行业中的经验和教训，都可以运用到其他行业中，当自己经历或实操的案例越多，对行业的实际认知也就越深入。对于投资工作来说，这些都是宝贵的经验。

历经最波澜壮阔的投资年代，我与郑刚希望将这些经验总结整理出来，这既是我们对自己的一种总结和提炼，也是希望能够对后来者提供一些帮助。我一直强调，投资人首先是企业家，而不是金融家。在企业工作和在行业浸染的多年经历，让我们加深了对企业管理运营、行业结构状态的理解，希望能够通过这本书将这部分经验分享给读者。

《私募股权》这本书，并不是一本教科书，我更希望大家可以将它作为工具书来使用，或者说，可以将它看作“私募股权领域的百科全书”。在实践操作中遇到困惑，或需要原理性的内容提供方向时，翻开这本书，可以从中找到答案。

另外，郑刚所求学的哥伦比亚大学商学院，最引以为豪的是价值投资，讲究逢低买入，永远持住；而我特别重视投后管理。这方面其实是目前很多基金做得不够的地方。投后管理是“募投管退”中非常重要的一环，既能够帮助被投企业长远的发展，也能够帮助投资机构完善管理链条，但目前很多基金仍然将大部分精力放在投资链条的前端环节。

本书的第4章将专门介绍投后管理，帮助大家认识它的整体工作机制和流程。除此之外，本书还将介绍退出机制、尽职调查和投资对赌等方面内容，帮助大家了解整个私募股权投资行业的核心问题。如果你是一名从业人员、企业管理者、法律服务人员，这本书将会帮助你梳理思路、完善知识体系，提高自身的能力和水平；如果你是一名小白，这本书会帮助你由浅入深地了解整个行业的基本知识和概念。

作为“投资人+创业者”，我们坚信股权投资行业永远有春天，因为社会始终是不断进步的。作为其中的一员，一定要不断学习和精进，掌握基本的理论知识，包括投资基本的框架原则、投资工具、操作方法等。只有具备完善的知识结构，“故事性”的事情才能发生，不然就可能成为“事故”。

很多人会觉得，投资的成功凭借的是不可控的运气，其实不然，投资是一门艺术。看似是不可控因素导向了不同结果，但实际上，时间与时机都是很重要的因素，而且一定程度上是可以把握的——什么时候投入、什么时候退出，到最后要体现投资回报——这里面有很多门道。创投人员只有用理论知识武装自己，根据比较审慎的原则，掌握好风控方式方法，才会有更多的机会取得成功。谨以此书将框架性的逻辑与知识向各位分享。

未来几年，中国经济要快速发展，以资本带动产业、推动经济是必然的方向。我们希望培养、激发更多的投资人与创业者。创业是未来国家科技腾飞、经济活力释放的关键所在。在硅谷，YC、TechStars、AngelPad形成了非常好的孵化模式和效应，我国对中小创业企业的孵化和扶持，还有很长的路可以走。如果本书能够为我国股权融资与产业创新尽微薄之力，我们将不胜荣幸。

陈雪涛 郑 刚

2023年1月 北京

前言

1990年、1991年，上海证券交易所、深圳证券交易所相继由中国人民银行总行批准成立，我国的风险投资基金行业也正式浮出水面。此后，随着相关监管政策的不断完善，深创投、红杉中国等一批本土风投机构逐步成立并不断成长壮大。

2014年，我国经济进入中高速增长常态化时期，对应的资本市场政策也逐渐从“严进宽出”调整为“宽进严出”。从这一时期开始，我国私募基金行业发展迅速。截至2022年1月底，我国存续私募基金管理规模首次突破20万亿元大关，达到20.28万亿元，其中私募股权投资基金存续规模最大，达到10.73万亿元，占比约53%。私募股权投资基金的运作和发展模式与我国由要素驱动向创新驱动的经济增长趋势高度一致，这也决定了其未来的发展机遇必将十分广阔。

作为多层次资本市场的重要组成部分，私募股权投资基金不仅能够解决中小微企业的融资难题、优化金融结构、推动公司治理结构的完善，更有利于促进科技创新、推进供给侧结构性改革。经过前期的探索和发展，虽然私募股权投资基金已经成为我国金融市场的一股重要力量，但综合来看，我国私募股权投资基金规模在GDP中的占比仍然较低，其助力企业发展和产业升级之路任重道远。

回顾我国私募股权投资基金的发展历史不难发现，其与资本市场的改革红利密不可分。1986年，我国境内第一家创业投资公司——中国新技术创业投资公司成立，这也可以认为是我国私募股权投资基金的萌芽。当时，为扶持各地高科技企业发展，国家科委和财政部等联合设立了中国新技术创业投资公司。1992年，我国引入了第一家外资投资机构——美国国际数据集团（IDG）。1995年，为吸引更多外资投资机构进入，我国出台了《设立境外中国产业投资基金管理办法》。在外资投资机构的推动下，搜狐、网易、亚信等众多企业成功上市，为外资投资机构带去了丰厚的回报。2006年，我国颁布并实施了《中华人民共和国合伙企业法》，使得国际私募股权投资普遍使用的有限合伙组织形式得以实现，对私募股权投资基金行业的发展产生了积极的推动作用。2014年，我国出台了《私募投资基金管理人登记和基金备案办法（试行）》等法律法规，确立了私募股权投资基金的监管制度，使得私募股权投资基金的发展变得越来越规范。

进入2015年后，在"大众创业、万众创新"政策的支持下，市场上的资金逐渐充裕，促使私募股权投资基金市场实现了爆发式增长。2017年，私募股权投资基金市场的资金募集规模达到了1.8万亿元，总体管理规模超过8万亿元。虽然在这个时期，私募股权投资基金行业的发展态势异常迅猛，但大部分资金属于短期资金，长期资金仍然不足。在当时的国内人民币基金的出资人结构中，长期基金的占比大约为25%，剩下的75%都是短期基金。2018年，随着金融行业去杠杆政策的推行，银行的资金渠道中断，私募股权投资基金行业结束非理性繁荣，全年募资金额回落到1.3万亿元，2019年更是下滑到1.2万亿元。

在资金募集困难的情况下，虽然从2018年开始，私募股权投资基金的总金额、成功的案例数量以及投资的活跃度都有所下降，但单笔投资额却呈现出上升趋势。根据投中研究院发布的数据，亿美元级的大额投资案例的比例呈现出增长趋势。2020年上半年，我国私募股权投资基金的单笔金额最高达到3210万美元，打破了过去十年单笔融资额的最高纪录。因此，在中小企业、初创企业融资难的背景下，私募股权投资基金仍然是一条非常重要的融资途径。

在行业快速发展的带动下，过去十年我国私募股权投资基金领域的机构数量与市场规模也增长了几百倍。但随着地缘政治动荡不安、部分市场的流动性过剩、新冠肺炎疫情的流行导致经济下滑，私募股权投资基金行业的参与者将面临一个比较复杂的局面。一方面，我国经济发展模式正在从出口导向型向本土创新驱动型转变。从2018年到2021年，我国在全球创新指数排名榜中的排位从第17位上升至第12位，北京、上海、深圳、香港有望在未来四年成为全球领先的技术创新中心。国内异常活跃的创新创业活动为私募股权投资基金发展创造了大量机会。另一方面，私募股权投资基金的资金来源持续受限，这一问题很难在短期得到解决。在资本寒冬与疫情危机的双重影响下，私募股权投资机构将面临更残酷的优胜劣汰机制的考验，头部效应、强者恒强的局面将逐渐显现。

不过，立足于行业整体的发展趋势，在新一轮经济改革浪潮中，私募股权投资基金不光是企业的投资者，更是产业发展的参与者。在政策支持、经济发展、科技变革等多个层面的联合推动下，私募股权投资基金行业有望实现更大的突破。

从政策层面来看，相关立法的不断完善将为私募股权投资基金行业的发展保驾护航。随着相关政策的不断出台，我国私募股权投资基金已经破解了法律边界不清晰、普遍保底和灰色资金来源的法律困局。2021年1月31日，中共中央办公厅、国务院办公厅更是印发了《建设高标准市场体系行动方案》，鼓励银行理财子公司和创投基金合作，提高各类长期资金的权益投资比例。该类政策的实施将有效缓解投资行业资金短缺的问题，提升市场活力。

从经济层面来看，近年来，我国资本市场对外开放明显提速，吸引了大批海外投资者。未来，我国新经济、新企业及新业态的融合发展需要更多地借助“股”的力量，相关问题需要更多地依赖资本市场、依靠直接融资的方式来解决。资本市场作为重要的资源配置市场，有益于实现风险与收益的平衡。除此之外，在供给侧结构性改革的深化发展阶段，资本市场也能够在助力企业转型和改革方面发挥重要作用。

从科技层面来看，数字化技术的不断进步使全球供应链更加依赖数字技术的应用，我国作为2020年全球唯一实现经济正增长的主要经济体，必须抓住数字经济发展的黄金窗口期。而数字经济必须和实体经济相融合，如“数字生态共同体”中的多方参与者将乘着新基建的东风、借助数字平台的核心力量，基于数字平台共享数据洞察、业务应用和行业知识，探索新型应用，充分发挥资源与信任的关键作用，以新的供给方式面向全新的消费需求和消费方式，以更加灵活的组织和资源配置方式共同实现竞争力的重塑。

在这样的背景下，我国私募股权投资基金要朝着专业化、长期化的方向发展，行业参与者要将更多精力投放到行业研究方面，进一步提高交易机会挖掘能力、投资能力与风险控制能力，投资真正有价值的企业。同时，重视投后管理领域，从发现价值转变为创造价值，以便在退出时能够实现收益最大化。

《私募股权：“募投管退”全流程实战指南》一书聚焦私募股权投资基金行业的核心问题，立足于私募股权投资基金的基本概念，对“募”“投”“管”“退”4个环节进行全方位拆解，包括资金募集渠道的选择、私募股权投资基金的投资流程、核心条款设计、投资风险控制、投后管理的原则与方法、退出机制的选择等，并对私募股权投资基金运作过程中非常重要的尽职调查与投资对赌等方面进行深度剖析。

本书内容丰富，图文并茂，介绍了很多实用的技巧与方法，可以全面提高从业人员对私募股权投资基金行业的认知水平与工作能力，不仅适合金融投资行业的从业者、相关的法律服务人员阅读，还适合财经专业的学生以及对私募股权投资基金行业感兴趣之人翻阅。

本书导读

第1章　私募股权。本章对私募股权投资基金的概念、特点、发展历程、运作流程、参与主体、服务机构、基金的主要类型、基金的运作模式进行全面分析，帮助读者对私募股权投资基金形成初步认知。

第2章　基金募集。基金募集是私募股权投资基金运作的第一步，本章介绍了11种私募股权投资基金的募集渠道，对每个渠道的特点做了详细分析，并对私募股权投资基金募集的九大流程进行全面拆解，对基金募集过程中可能涉及的法律问题进行全面讨论。

第3章　基金投资。本章对基金投资的七大流程及各流程的注意事项进行详细分析，对交易结构、先决条件、承诺与保证、公司治理、反稀释、估值调整、优先清算权等核心条款设计进行全面阐述，并对私募股权投资基金所面临的风险及风险控制策略进行全面讨论。

第4章　投后管理。本章介绍了投后管理的三种模式、六大原则、五大步骤，从A轮之前、A+轮到C轮、D轮到Pre-IPO又称IPO前、IPO及以后4个层面对投后管理的内容与要点进行阐述，并对投后管理部门的岗位职责进行具体分析。

第5章　退出机制。退出方式与退出时机的选择在很大程度上影响投资回报。本章介绍了IPO上市退出、挂牌转让退出、协议转让退出、清算退出四种退出方式，并对退出方式与退出时机的选择进行重点分析。

第6章　尽职调查。尽职调查决定目标公司的选择是否合理。尽职调查的内容十分丰富，可以分为企业基本情况调查、业务经营调查、财务状况调查、法律风险调查四大模块。本章立足尽职调查的流程与原则，对上述四大模块的具体内容进行全面阐述。

第7章　投资对赌。投资人为降低投资风险，开始在私募股权投资中普遍使用对赌协议。本章对融资对赌的风险以及对赌协议的主要条款，即领售权/拖售权条款、随售权条款、业绩补偿条款、优先清算权条款、股权回购条款、一票否决权条款的设置与优化进行详解。

目 录

第1章　私募股权

1.1　私募股权投资基金基本概述

1.1.1　私募股权投资基金的概念与特点

◆私募股权投资基金的概念

私募股权投资（Private Equity），即以私募形式对非上市企业的股权或上市企业非公开交易的股权进行的投资。从广义上看，私募股权投资涵盖了企业首次公开发行（IPO）前各阶段（种子期、初创期、发展期、扩展期、成熟期和IPO前等）的权益投资；从狭义上看，私募股权投资指的就是上市前融资，即针对已经进入成熟发展阶段并计划在较短时间内进行IPO的企业开展的股权投资。

私募股权投资属于私募基金的一种投资类型。根据投资对象的不同，私募投资基金可以分为以下三类，如图1-1所示。

- 私募股权投资基金：投资对象为未上市企业的股权、上市企业未公开发行或交易的股票以及中国证监会规定的其他资产。
- 私募证券投资基金：投资对象为公开交易的股份有限公司的股票、债券、期货、期权、基金份额以及中国证监会规定的其他资产。

● 资产配置类私募基金：根据2016年中国证监会颁布的《公开募集证券投资基金运作指引第2号——基金中基金指引》，基金中基金（Fund of Funds，FOF）的操作定义为：基金资产中80%以上的份额用于投资经中国证监会依法核准或注册的基金。由此可见，与普通基金一般以股票、债券等有价证券为投资标的相比，FOF的主要投资标的为基金本身，而不直接投资于股权、股票或债券。

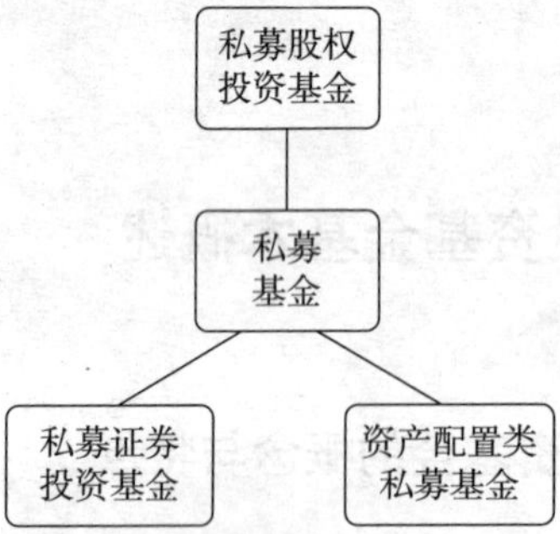

图1–1　私募基金的投资类型

此外，由于主要投资对象为未上市企业的股权，因此从承担的投资风险以及获得的收益等级来看，私募股权投资基金属于一种成长型的投资产品；而从投资标的属性的角度来看，私募股权投资基金属于一种权益类投资产品。

◆私募股权投资基金的兴起与发展

在世界金融行业，私募股权投资基金兴起的时间并不长，却在世界投资领域尤其是并购领域扮演着重要角色。在欧美等国家，私募股权投资基金有二三十年的发展历史；在我国，私募股权投资基金仍然处于起步阶段。

私募股权投资基金的兴起与经济的高速发展密切相关。1984年，在私募股权投资基金兴起阶段，美国私募股权投资基金规模只有67亿美元；到2006年，这一数字增长到了4500亿美元，翻了66倍。2006年，美国私募股权投资基金筹集到的资金总额达到了1602亿美元，首次超过美国纽约证券交易所通过发行股票募集到的资金总额，成为除商业银行、证券市场之外的又一条融资渠道。目前，北美已经成为全球私募股权投资基金的主要市场之一。根据PitchBook提供的数据，2021年前三季度，北美地区1129只私募股权投资基金共募集了5435亿美元的资金，无论是基金数量还是募集金额都位列全球第一。

近十年来，我国经济飞速发展，已经成为仅次于美国的世界第二大经济体。在此形势下，私募股权投资基金也在我国快速崛起，为我国产业整合开辟了新渠道。2014年，我国开始实施私募股权投资基金备案制度。随着政策的不断规范，私募股权投资基金吸引了众多投资人的关注。2014—2020年，我国私募股权投资基金存量稳步增长，从8038.17亿元增长至98716.38亿元。截至2022年1月底，我国私募股权投资基金存续规模达到10.73万亿元。

近几年，私募证券投资基金也逐渐向私募股权投资基金以及创业投资基金等方向转移。根据中国证券投资基金业协会（以下简称中国基金业协会）公布的数据，截至2021年年底，我国私募基金总规模达到19.76万亿元，其中私募股权投资基金规模为10.51万亿元，而私募证券投资基金的规模为6.12万亿元；截至2021年年底，存续私募基金管理人共24610家，其中私募股权、创业投资基金管理人为15012家，而私募证券投资基金管理人为9069家。

◆私募股权投资基金的特点

与其他投资方式相比，私募股权投资基金在资金募集、投资方式、流动性、资金来源以及退出方式等方面均拥有自己的特点，如表1–1所示。

表1–1　私募股权投资基金的特点

特点	具体表现
资金募集	在资金募集上，私募股权投资基金主要通过非公开的方式面向个体或为数不多的投资机构进行募集，而且股权销售和赎回的交易过程也需要基金管理人以非公开的方式与投资者进行协商
投资方式	在投资方式上，私募股权投资基金是通过私募即非公开的方式进行操作，而不需公开披露相关交易细节；私募股权投资基金属于权益性投资，所以私募股权投资基金的基金管理人享有决策权；在投资工具方面，私募股权投资基金可以采用普通股、可转让优先股或可转换债券等形式

续表

特点	具体表现
流动性	私募股权投资基金的流动性较差，没有现成的公开市场供非上市公司开展股权交易
资金来源	私募股权投资基金有多项资金来源，如风险基金、养老基金、高净值个人、保险公司、杠杆并购基金、战略投资者等
退出方式	私募股权投资基金的退出渠道非常多，如售出、兼并收购、首次公开发行、被投企业管理层回购等

1.1.2 国内私募股权投资基金的发展历程

私募股权投资基金指的是从事私人股权投资的基金。私人股权即未经公开发行和交易的股权，主要包括两类：一是非上市公司的股权，二是上市公司未公开发行和交易的股权。因此，私募股权投资基金与一般的股权不同的是，其追求的并非股权的收益，而是通过股权转让（如并购、管理层收购以及上市等）的形式出售股权而获益。

私募股权投资基金在我国的发展大致可以划分为3个时期：萌芽期、探索期、规范期，具体如表1–2所示。

表1–2 私募股权投资基金发展的3个阶段及重大事件

阶段	时间	重大事件
萌芽期	1985年	发布《中共中央关于科技技术体制改革的决定》，第一次全面启动科技体制改革
	1986年	科技系统对创业投资基金做了早期探索，原国家科委出资10亿元成立了中国新技术创业投资公司
	1993年	我国第一只公司型创业投资基金成立，名为淄博乡镇企业投资基金
	1995年	发布《关于加速科技技术进步的决定》，确定实施科教兴国战略
	1998年	发布《关于加快发展我国风险投资事业的提案》，使得风险投资受到社会各界的广泛关注
探索期	2003年	发布《外商投资创业投资企业管理规定》（对外贸易经济合作部等5部门令〔2003〕2号），设立外国投资者在中国创业投资的门槛
	2005年	发布《创业投资企业管理暂行办法》（国家发展和改革委员会令〔2005〕39号），促进创业投资企业发展，规范其投资运作

续表

阶段	时间	重大事件
探索期	2006年	发布《中华人民共和国合伙企业法》（中华人民共和国主席令第55号），规范合伙企业的行为，维护社会经济秩序
	2009年	推出创业板，发布《创业投资企业管理暂行办法》及三大配套性政策与措施，促进创业投资基金发展
	2010年	市场出现外商设立合伙型股权投资基金
	2012年	发布《中华人民共和国证券投资基金法》（中华人民共和国主席令第71号），进一步促进我国证券投资基金和资本市场的健康发展
规范期	2013年	中央编办明确由中国证监会统一行使股权投资基金监管职责
	2014年	中国证券投资基金业协会开始对股权投资基金进行登记备案，发布《私募投资基金管理人登记和基金备案办法（试行）》（中基协发〔2014〕1号）
	2014年	发布《私募投资基金监督管理暂行办法（试行）》（证监会令第105号），规范私募投资基金活动，促进私募投资基金行业健康发展
	2014年	发布《私募投资基金管理人登记和基金备案办法》，开始实施私募基金管理人登记和基金备案制度
	2016年	发布《关于进一步规范私募基金管理人登记若干事项的公告》（中基协发〔2016〕4号），引入登记法律证书制度，对高级管理人员、基金从业资格、持续信息报送等方面提出基本要求，并清理1万余家僵尸机构。此外，后续出台的《信息披露办法》《募集办法》《内控指引》《合同指引》等系列自律规则，均加强了私募基金行业的自律体系建设
	2018年	发布《关于规范金融机构资产管理业务的指导意见》（银发〔2018〕106号），使得相关金融机构的资产管理业务能够受到统一无差别的规范管理
	2018年	发布第二版《私募基金管理人登记须知》，针对当前出现的虚假出资、股权代持、股权架构不稳定、关联方从事冲突业务、集团化倾向五大问题，从运营条件、从业人员、出资人、关联方等方面进一步对私募基金管理人登记审核标准进行了补充和完善
	2019年	国家发展改革委等六部门联合发布《关于进一步明确规范金融机构资产管理产品投资创业投资基金和政府出资产业投资基金有关事项的通知》（发改财金规〔2019〕1638号）
	2021年	发布《关于加强私募投资基金监管的若干规定》十四条新规，整改过往私募基金行业自治的乱象，从名称设立到基金产品红线做出一系列明确规定

随着我国经济的不断发展以及商业模式的不断创新，私募股权投资及风险/创业投资在我国的发展规模日益增大。私募股权投资基金的稳健发展对我国经济发展的促进作用日益凸显，其不仅能够支持科技创新、方便新兴企业融资，而且对创新资本的形成和产业结构的调整也大有裨益。

1.1.3 运作流程与关键要素

私募股权投资基金的运作流程，本质上就是通过一系列操作实现资本增值的过程。具体可以划分为4个环节，即募集、投资、管理和退出。每个环节的具体内容如表1–3所示。

表 1–3 股权投资基金的运作流程

流程	具体内容
募集	基金管理人发起设立基金并开始向投资者募集基金，募集主体可以是管理人自己，也可以是管理人委托的第三方；募集对象必须是符合条件的投资者；募集方式只能是非公开募集；基金组织形式包括合伙制、公司制和信托制三种类型
投资	基金管理人利用募集获得的资金进行投资，挑选投资项目，制定投资决策，具体环节包括项目开发与初选、立项与框架协议、尽职调查、投资协议和投资交割
管理	基金管理人不仅要为投资企业提供资源，帮助企业增值；还要实行有效地监控，做好风险管控
退出	基金通过上市、挂牌转让、协议转让、清算等方式实现退出，获取最后的收益并分配给投资人与管理人

私募股权投资基金运作过程中的关键要素包括：基金规模及出资方式，基金的管理方式，基金的投资范围、投资策略和投资限制，基金的收益分配，具体内容如表1–4所示。

表 1–4 私募股权投资基金运作的关键要素

关键要素	具体内容
基金规模及出资方式	基金规模是基金计划募集和实际募集的投资资本额度
	私募股权投资基金不接受实物资产、无形资产等非货币资金出资，通常要求全部用货币资金出资，按合同约定可以一次性或分次完成出资
	在实践过程中实行承诺出资制，即投资者先在合同中承诺出资总规模，之后按照合同约定期限或调减分次完成出资
基金的管理方式	私募股权投资基金的管理方式分为两种，一种是自我管理，一种是受托管理。 自我管理是基金自建管理团队并负责基金的投资决策，常见于公司型股权投资基金，由股东大会进行管理，以及有限合伙型股权投资基金，由若干自然人以执行事务合伙人的名义进行管理。 受托管理是基金委托合格的第三方管理机构代为管理，受托管理逐渐成为主流的基金管理方式

续表

关键要素	具体内容	
基金的投资范围、投资策略和投资限制	投资范围	未上市企业股权、上市公司非公开发行或交易的股票、可转债、市场化和法治化债转股、股权类基金份额，以及中国证监会认可的其他资产
	投资策略	根据基金投资目标及投资者对风险和期望收益的偏好来确定
	投资限制	主要目标是保护投资者利益
	基金管理人和投资者共同商定基金的投资范围、投资策略和投资限制，并在基金合同中明确表示出来	
基金的收益分配	收益分配主要在投资者和管理人之间进行	
	私募股权投资基金的收入主要来源于被投企业的分红以及股权退出后的收益，基金利润为基金的收入扣除基金承担的各项费用和税收之后，超出投资者出资本金的部分	
	管理人可以获得相当于基金利润一定比例的业绩报酬，有时还会对投资者的门槛收益率进行约定，只有当投资者达到门槛收益率后，管理人才能分配业绩报酬	

1.1.4　私募股权投资基金的主要参与主体

在私募股权投资基金的整个运作过程中，参与主体包括基金投资者、基金管理人、基金托管人、基金服务机构、监管机构及行业自律组织。其中，基金投资者、基金管理人与基金托管人共同构成了基金当事人。

由于基金投资者将自己拥有的资金投入私募股权投资基金后往往需要委托特定的基金管理人进行管理，所以基金投资者和基金管理人就成为私募股权投资基金的必然当事人。而私募股权投资基金需要托管，否则无法在中国基金业协会备案，无法正常经营，所以基金托管人也是基金当事人之一。

◆基金投资者

基金投资者即基金财产的所有者、股权投资基金的出资人、基金份额的持有者。在私募股权投资基金的运作过程中，基金投资者依据所持有的基金份额获得收益并承担相应的风险。

根据我国相关法律法规的要求，私募股权投资基金的投资者需要具备一定的风险识别能力和风险承担能力。常见的基金投资者主要包括：个人投资者，具备一定实力的工商企业、母基金、金融机构、社会公益基金、主权财富基金、社会保障基金、企业年金以及政府引导基金等。

私募股权投资基金的投资者拥有的权利如下所示：

- 分享基金财产收益；
- 参与分配清算后的剩余基金财产；
- 依法转让其持有的基金份额；
- 按照规定要求召开基金投资者会议；
- 对基金投资者会议审议事项行使表决权；
- 查阅或者复制公开披露的基金信息资料；
- 对基金管理人或基金服务机构损害其合法权益的行为依法提起诉讼；
- 享有合同约定的其他权利。

◆基金管理人

在私募股权投资基金的运作过程中，基金投资者往往需要将个体持有的基金交给特定的基金管理人管理。所以，基金管理人就是私募股权投资基金的募集者和负责人。根据合同的约定，基金管理人需要对基金财产的投资运作过程负责，需要尽可能地提高基金收益并控制投资风险，保证基金投资者的利益最大化。

由此不难发现，基金管理人在私募股权投资基金的运作过程中具有核心作用。基金产品的设计、基金份额的销售和备案以及基金财产的管理等都需要基金管理人负责，在某些情况下也可以委托相关的服务机构负责。

基金管理人需要承担的职责如下所示：

- 基于相关规定和约定，运用基金资产投资并管理基金资产；
- 及时、足额地向基金持有人支付基金所得收益；

- 编制基金财务报告，及时进行公告，并向证监会报告；
- 计算并公告基金资产净值及每一基金单位资产净值；
- 对基金相关账册进行长期保管；
- 基于相关规定和约定的其他职责。

◆**基金托管人**

在私募股权投资基金的运作过程中，基金托管人具有独特的价值。例如，基金托管人往往是独立的第三方，可以发挥监督作用，避免基金管理人将基金财产挪为他用，保障基金财产的安全；监督基金管理人对基金财产的投资运作过程，进一步确保基金投资者的利益不受损害；在私募股权投资基金运作的全流程中进行净值计算等操作，减少基金核算过程中的误差。

基金托管人需要履行的职责如下所示：

- 开设基金财产的资金账户；
- 安全保管基金财产；
- 及时办理资金清算、交割事宜；
- 监督基金管理人的投资运作；
- 办理与基金托管业务活动有关的信息披露事项。

1.1.5　私募股权投资基金的市场服务机构

私募股权投资基金的市场服务机构主要包括基金财产保管机构、基金销售机构、基金份额登记机构、律师事务所和会计师事务所等。

◆**基金财产保管机构**

私募股权投资基金的投资者在将个人所持有的基金交给特定的基金管理人管

理后，往往需要与基金管理人就基金是否托管等事项进行约定。

如果根据基金投资者与基金管理人约定，需要对基金进行托管，那么由基金管理人和基金托管人同时承担基金托管责任。此外，基金财产保管机构还拥有第二重身份，即基金管理人的代理人。如果不需要对基金进行托管，那么基金管理人则需要另外聘请基金财产保管机构，以尽可能确保相关基金的财产安全。

◆基金销售机构

从资金募集的方式来区分，私募股权投资基金可以分为委托募集和自行募集。委托募集就是由基金管理人选择第三方机构进行资金募集，在这种募集方式中，被委托的第三方机构即基金销售机构。自行募集就是由基金管理人负责资金的募集和管理。

一般来说，基金销售机构的服务内容主要包括发售基金份额、办理基金份额的认缴及退出、为基金管理人推介基金等。常见的基金销售机构包括独立基金销售机构、证券投资咨询机构、保险机构、期货公司、证券公司以及商业银行等。

基金销售机构在提供服务的过程中应做到以下几点：

- 将基金管理人的基金募集材料及时完整地提供给潜在基金投资者；
- 全面如实地披露投资风险及可能的投资损失；
- 不得对募集基金的信息进行误导性陈述；
- 不得隐瞒与募集基金相关的重要信息。

◆基金份额登记机构

基金份额登记既可以由基金管理人负责办理，也可以由基金管理人委托第三方机构进行办理，委托的第三方机构就是基金份额登记机构。基金份额登记机构是对基金账户进行保管的机构，能够提供的主要服务是对对应账户基金份额的登记、保管、结算等。

基金份额登记机构的具体服务内容如下所示：

- 建立并管理投资者的基金账户；
- 负责基金份额的登记及资金结算；
- 基金交易确认；
- 代理发放红利；
- 保管投资者名册。

◆律师事务所

作为一种投资行为，私募股权投资基金运作的各个阶段会涉及与法律法规相关的问题，在这种情况下，律师事务所要履行以下职责，如表1–5所示。

表 1–5　律师事务所的职责

基金运作阶段	工作职责
私募股权投资基金募集和设立阶段	基于基金管理人的要求，设计基金的内容结构及组织形式
	基于基金投资者和基金管理人的要求，起草与基金相关的法律文件
	基于基金管理人的委托，审核相关基金投资者的资质
	协助基金管理人进行基金登记及备案，并制定和出具必需的法律意见书
投资以及投资后的管理阶段	就基金的投资领域、投资方向的限制等向基金管理人提供法律方面的咨询服务
	基于基金管理人的委托，对拟投资的项目进行法律法规层面的调查，根据调查结果出具法律意见书或调查报告，并分析此投资行为可能涉及的法律风险
	基于基金管理人的委托，起草或审阅与基金投资者相关的法律文件
	按照相关法律法规以及合同的约定，确保基金的合法权益不受损害
项目退出阶段	基于基金管理人的委托，尽可能确保合法投资收益的最大化
	对基金投资可能的退出结构和方式进行针对性研究
	基于基金退出方式的相关法律规定，进行法律文件的起草并参与谈判
清算阶段	基于相关法律法规以及合同的约定确定清算主体
	根据清算主体制定具体的清算方案
	参与清算方案的实施，如通知债权人、确定和分配基金财产等
	对清算报告进行合规性审核

◆会计师事务所

会计师事务所，就是基于基金管理人的委托，为相关的私募股权投资基金提供估值、内部控制咨询、税务咨询、财务会计咨询、财务和税务尽职调查以及审计等相关专业服务的第三方机构。

在提供服务的过程中，会计师事务所一方面需要遵守与审计准则及职业道德规范相关的要求，另一方面要按照与基金管理人或其他委托方签订的协议处理事务。此外，会计师事务所应该协助基金投资者参与筛选承办基金审计业务的审计机构，并辅助其从基金管理人处实时了解基金审计机构的委任情况。

1.1.6　私募股权投资基金在经济发展中的重要作用

资本市场作为现代市场经济的重要组成部分，其内容的丰富和完善能够推动我国整体经济及企业的快速发展。目前，在我国的金融市场上，私募股权投资基金已经成为一股关键力量，在我国经济发展的多个方面已经发挥出不容忽视的重要作用。

◆解决中小微企业融资难问题

长期以来，融资难一直是困扰中小微企业发展的主要问题之一。与大型企业相比，中小微企业融资时不仅面临严重的信息不对称，更需要进行阶段性融资，创业成功的不确定性较高，而且科技型中小微企业的无形资产占比较高。所以在面对传统的融资渠道时，中小微企业的融资需求便极难获得满足。

不同于传统资本市场准入门槛高的特点，私募股权投资基金能够实现风险与收益的匹配，其分阶段投资契合中小微企业的发展特点，而且投后监督和增值服务也可以有效提高中小微企业创业的成功率。

◆优化金融行业结构，促进经济增长

在传统的资本市场中，企业募集资金的方式比较单一，这主要是因为企业发展急需的资金来源单一，使得企业不得不以高成本的方法引进外资。而单一的募资方式不仅不利于企业做大做强、容易增加商业银行的经营风险，而且降低了全社会资金的利用率。

私募股权投资基金能够扩大直接融资的比例，为企业筹集资金创造良好的融资环境；起到将储蓄资金转化为生产资金的作用，有利于生产力的提高和国民经济的发展；能够有效分流储蓄资金，降低金融行业系统性风险。

◆推动公司治理结构的完善

私募股权投资基金可以帮助企业改善股东结构，同时建立起有利于上市的治理结构、监管体系、法律框架和财务制度。

私募股权投资基金作为一种重要的市场约束力量，可以弥补政府监管的不足。主要投资者可以通过聘请较高水平的中介机构、定向聘请有经验的高管人员、派出董事、协议约定等方式参与公司治理，在这种情况下，私募股权投资基金作为一种市场监督力量，在内部治理结构和内控机制方面为后期的企业上市创造良好的条件，对我国资本市场的发展有着基础性的作用和长远性的示范意义。

◆有利于促进科技创新

创投基金与科技行业的契合，使得私募股权投资基金能够很好地支持科技行业的发展。

研究表明，创业投资基金支持的科技企业，其产品从研发到上市销售所花的时间，明显短于一般企业的平均水平。另外，以单位资本投资产出的专利数量进行衡量，创投基金对科技创新的贡献力度远超其他社会资本。

◆推动社会责任投资、实现可持续发展

ESG（Environmental，Social and Governance）是除基本面之外，考虑社会、环境、公司治理等因素的一种投资方式。

由于新冠疫情在全球蔓延，世界经济急需“绿色复苏”，实现可持续发展成为全球主流，ESG投资策略也受到了越来越多的关注。此外，养老金等中长线资金持续入市成为推动国内ESG发展的重要力量。而且，相较于同类企业，具有较高ESG水平的上市公司盈利能力更强、风险更低。

1.2 私募股权投资基金的主要类型

1.2.1 VC/PE投资基金

按照投资逻辑，私募股权投资基金可以分为VC和PE（如表1–6所示），二者的区别如下。

表1–6 经典VC和经典PE的对比

分类	经典VC	经典PE
投入方式	各阶段，参股性、增量性权益资本投入	对陷入困境的企业，控股性、存量性权益资本收购
操作方式	全面考察产品、组织等，多方面提供增值服务，多以上市和转让退出	主要考察管理增值空间，多通过二级财务并购和战略并购退出
杠杆作用	不涉及	多涉及

- VC投资基金：主要向处于创业各阶段的未上市初创型及成长型企业进行股权投资的基金（新三板挂牌企业视为未上市企业），多数为高新技术企业，投资期限至少为3～5年。对于市场所称的“成长基金”，如果不涉及房地产、上市公司定增、基础设施、首发企业股票、上市公司可转债、上市公司可交债、上市公司股票（所投资的企业上市后参股企业所持股份的未转让部分及其配售部分除外），按照创业投资基金备案；如果涉及上市公司定向增发的，按照私募股权投资基金中的“上市公司定增基金”备案。
- PE投资基金：投资包括未上市企业和上市企业非公开发行和交易的普通股（含上市公司定向增发、大宗交易、协议转让等），可转换为普通股的优先股和可转债等的私募股权投资基金。

从国内投资领域来看，VC与PE投资基金的界定仍然不够清晰，这主要是由于：其一，国内对VC与PE投资基金的主要划分标准是目标企业所处的成长阶段，但企业所处的成长阶段并不容易被清晰界定。以往对一家创业公司而言，其通常需要完成E轮或F轮融资之后，才会进行IPO上市，不同的融资轮次也反映了企业所处的发展阶段；而近几年为了适应企业的发展，资本市场的设计也更有助于企业融资效率的提升，大部分企业在完成C轮融资后就可以准备挂牌或申请IPO，因此，企业所处成长阶段的不易界定也就造成了VC与PE投资基金具有一定的重合性。其二，VC与PE投资基金的管理人实际上属于同一类群体，其既可以发行PE投资基金，也可以发行VC投资基金，而且这类管理人在填报基金备案类型时具有极大的自由裁量权，不需要明确说明是注册“创业投资公司”还是“私募股权投资公司”，虽然备案材料以及各地金融局要求稍有差异，但完成备案后，对二者的投资范围及阶段并没有明确规定（房地产、上市公司定增、基础设施、首发企业股票、上市公司可转债、上市公司可交债、上市公司股票等明确禁止创业投资公司参与投资的标的除外）。不过在进行备案时，必须对基金类型进行明确，即单一的基金只能选择一种基金类型进行备案。

1.2.2　风险/并购/产业投资基金

从投资工具角度来看，私募股权投资基金可以划分为风险投资基金、并购投资基金和产业投资基金三种类型，如图1–2所示。

◆风险投资基金

风险投资基金又称创业基金，主要向处于各个创业阶段的未上市成长型企业进行股权投资，以期所投资创业企业发育成熟或相对成熟后，再通过股权转让来获取资本增值收益。

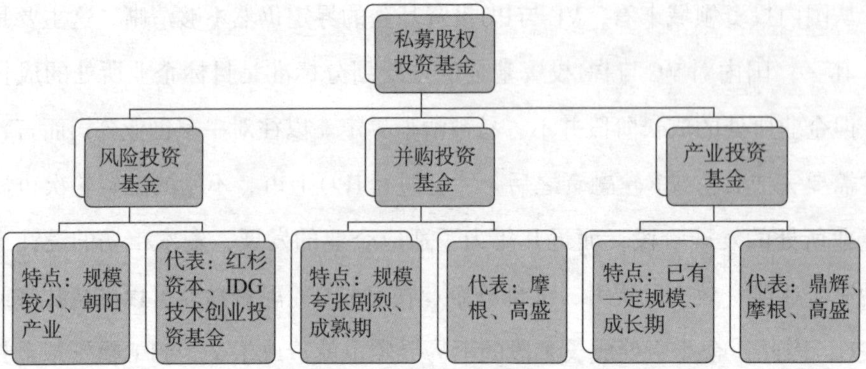

图 1–2　私募股权投资基金的分类

实际上，创业基金运作的目的并非对目标企业进行控股，而是通过部分股权为创业企业提供资金、资源或管理方面的援助，以带动目标企业成长，获得资本增值。当目标企业发展到一定规模并成功上市后，创业基金的投资者可以将其持有的股票出售，从而获得可观的收益。

◆并购投资基金

并购投资基金指的是对企业进行财务性并购投资的私募股权投资基金，通过购买的形式对企业的存量股权进行投资，不为企业提供任何增项资金，只是一种所有权转移的投资方式。

其与风险投资基金的不同之处在于，风险投资基金主要投资具有较大发展潜力的早期企业，通过帮助企业发展壮大而获利；并购投资基金主要投资价值被低估的企业，通过对被投企业进行重整而获利，投资周期比较长。在具体的运作过程中，并购投资基金又可以分为三种模式：私募股权投资基金管理人与上市公司签订战略合作协议；私募股权投资基金管理人投资上市公司；私募股权投资基金管理人与上市公司联合设立并购基金。

并购投资基金往往期望以更高的杠杆率进行收购，因此，并购投资基金的本质是杠杆收购基金，这就使得并购投资基金具有了杠杆收购基金的特性，如表1–7所示。

表 1–7　并购投资基金杠杆收购特性的表现

表现层面	具体表现
在投资方式上	通常采用收购方少量资金叠加大规模外部资金的模式
在资金比例上	收购方资金与外部资金的资金比例，与资金结构风险、外部资金的融资成本及目标公司的现金流相关
在资金来源上	主要包括高级债（银行提供的定期贷款和循环贷款）、夹层资本（通常采取垃圾债券和优先股的形式，其收益及风险均介于股权资本与银行贷款之间）、普通股（一般来自收购方的股权资本，也可以是联合投资）

◆产业投资基金

产业投资基金又称实业投资基金，指的是为了获得预期收益，用货币购买生产要素，将货币收入转化为产业资本，形成固定资产、流动资产、无形资产的经济活动，是对企业进行股权投资和提供经营管理服务的利益共享、风险共担的投资方式。根据目标企业所处阶段的不同，产业投资基金可以分为种子期或早期基金、成长期基金、重组基金等。

相较于其他类型的私募股权投资基金，产业投资基金具有以下五大特点：

- 投资对象主要是非上市企业；
- 投资期限一般为3～7年；
- 积极参与被投企业的经营与管理；
- 基金所投项目之间有产业链耦合的关系；
- 投资目的是基于企业以及企业所在产业的潜在价值，通过投资推动企业发展，选择合适的时机，将企业推广至产业相关价值链条中，从而通过收购或独立挂牌退出而实现资本增值。

1.2.3　初创、成长、IPO前以及并购阶段投资基金

按照投资对象所处的发展阶段不同（如图1–3所示），私募股权投资基金可

以分为初创期、成长期、IPO前以及并购阶段的投资基金。

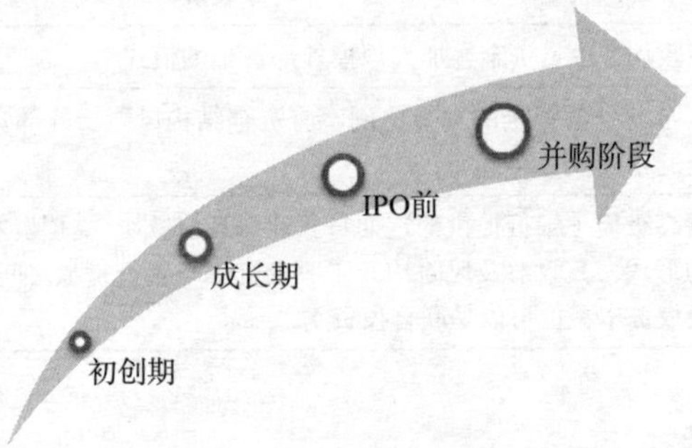

图 1-3 企业的发展阶段

◆初创期投资基金

投资对象主要处在种子轮或天使轮融资阶段。

种子轮估值不超过1500万元，产品尚未成形，主要靠创意来打动投资人。这个时期只有极个别的早期私募股权投资基金会参与，大部分寻求的是3F（Family、Friend、Fools）。

当项目到了天使轮，类似于真格基金、创新工场等早期私募股权投资基金会参与。这时候投资公司看重的是企业的初步产品以及通过一定收入或流量数据能够验证其可行的商业模式，通常估值不超过3000万元。

当私募股权投资基金投资的对象是处于初创期的企业时，其可能会获得非常高的回报，相应地也需要承担较高的风险。由于企业在这个时期未来的发展存在较大的不确定性，因此特别需要基金管理人进行详细考察和慎重选择。

◆成长期投资基金

成长期的创业企业通常包括从A轮一直到Pre-IPO以前全部轮次的企业。由于当下资本市场渠道逐步拓宽，企业股票公开发行的门槛逐渐降低，通常到C轮往后就可以进入Pre-IPO轮了。

这个时期的企业产品明确、商业模式开始成熟，也有一定的用户基础，进行股权融资的目的主要是扩大产量和商业模式复制以扩大市场份额。因此，根据不同的商业模式，私募股权投资基金的投资决策主要根据项目的产品和数据来做决定。

由于企业的发展受多种因素影响，有时对企业是处于初创期抑或是处于成长期并不能进行明确划分，因此，在某些国家或地区成长资本也被划入创业资本的范畴。这个阶段比较有代表性的有达晨创投、启赋资本等私募股权投资。

◆IPO前投资基金

Pre-IPO阶段的企业主要涵盖C轮到上市前全部轮次的企业。投资公司此时看重的除前述轮次提到的全部指标外，更加突出关注企业的收入/利润情况。此时，企业通常已占据一定的市场份额，处于某个细分领域行业已有3~5年的水平。私募股权投资基金的加入除了为企业带来资金支持，也会给企业对接相应的产业资源。CVC、战略投资公司通常也是在这个阶段参与最多。

当私募股权投资基金选择处于IPO前的企业作为投资对象时，其退出方式通常为在企业成功上市后出售所持有的股票。

诸如摩根士丹利、高盛等知名投资基金，其不仅是投资银行家，也是私募股权投资基金。作为投资银行家，其能够为投资对象上市提供支持；作为私募股权投资基金，其实力更能为投资对象“背书”，有助于企业上市后股票的发售。此外，复星资本、九鼎投资等也是这个阶段比较有代表性的参与者。

◆并购阶段投资基金

当企业上市后，其未公开交易的股权也可以成为私募股权投资基金投资的对象。上市公司可以一定的折价率出售该部分股权以扩大所拥有的资本（定向增发），以达到资金重组、产业并购、资本扩张的目的。这个阶段比较有代表性的有硅谷天堂、黑石投资等私募股权投资基金。

1.3 私募股权投资基金的运作模式

1.3.1 公司型私募股权投资基金

私募股权投资基金可以采取的组织形式主要为公司型、有限合伙型和信托型，其特点、优缺点及治理机制均有所不同。

下面我们首先来介绍公司型私募股权投资基金。所谓“公司型私募股权投资基金”，即依据《公司法》的相关规定，投资者以共同出资的方式构建一个独立的法人实体——基金公司，并自行或委托专业的基金管理机构担任基金管理人。在公司章程的指导下，投资人拥有相应的权利并承担对应的责任和义务。

◆特点

公司型私募股权投资基金的特点主要有：

（1）拥有独立法人地位，分为有限责任公司和股份有限公司两种形式，以有限责任公司为主。

（2）公司型私募股权投资基金由两个及以上股东出资建立，股东按比例购买基金份额，获得相应的收益，享有一定的决策权，按认缴出资额对公司债务承担有限责任。

（3）基金管理人可以是股东，也可以是外部人，实践中通常是股东大会选出董事、监事，再由董事、监事投票委托专门的投资管理公司作为基金管理人。管理人收取资金管理费与效益激励费。这种基金股份的出售一般都委托专门的销售公司来进行。由于法律的限制，一般股东数目不多，但出资额都比较大。

（4）控制权与所有权分离，股东大会与董事会以及职业经理人存在双重委托代理关系。

◆优点

公司型私募股权投资基金的优点主要体现在：

（1）法律制度完善、组织架构完备、能够有效保护投资者利益。

（2）所有股东以其出资额为限承担投资损失，具有破产风险隔离机制。

（3）具有资合性，股权转让与人员变动不会给基金造成直接影响，组织稳定性好。

◆**缺点**

公司型私募股权投资基金的缺点主要体现在：

（1）双重赋税：一是公司就其取得的投资收益缴纳25%的企业所得税，二是作为股东的基金份额持有人基于公司盈利取得的红利缴纳20%的个人所得税。基金运营成本增加，投资人利润空间缩减。

（2）基金管理人可以受托投资顾问的方式控制公司的管理权，但公司的最高权力机构为股东大会，作为基金份额持有人的股东仍能够左右公司决策，从而对管理人的决策造成影响，不利于基金进行有效的投资决策。

（3）受《中华人民共和国公司法》（以下简称《公司法》）的限制，公司自行管理的灵活性有限，《公司法》对公司对外投资行为有一定的约束，会造成资金的限制，延长决策时间，降低基金收益率。

◆**治理机制**

公司型私募股权投资基金适用于对组织稳定性、法律地位和管理机制更加看重的商业性投资者。公司型组织模式最主要的优势是具有独立法人地位，可十分便利地参与各类经济社会活动，并独立行使权利、承担责任。不过，因相关法律体制健全，也存在制度成本高的问题。另外，创投基金虽然由于国家扶持能不同程度地享受税收优惠，但整体仍然面临双重赋税的风险。

1.3.2 有限合伙型私募股权投资基金

所谓有限合伙型私募股权投资基金，即根据《中华人民共和国合伙企业法》（以下简称《合伙企业法》）的相关规定，投资者共同成立投资基金有限合伙企业。其中，普通合伙人（General Partner，GP）对合伙债务承担无限连带责任，基金管理人负责基金的投资与运作。不过，在具体的实践过程中，普通合伙人通常为基金管理人。这也是我国私募股权投资基金组织机构最常见的一种企业制度。

◆特点

有限合伙型私募股权投资基金的特点主要有：

（1）基金由普通合伙人（GP）和有限合伙人（Limited Partner，LP）组成。

（2）基金的普通合伙人对有限合伙企业债务承担无限连带责任，这个角色通常由基金管理人担任。

（3）基金的投资人作为有限合伙人参与投资，以其认缴的出资额为限，对有限合伙企业的债务承担有限责任。

（4）基金的有限合伙人（LP）即基金投资人不负责基金运营，但享有对基金运营的监督权，基金的所有权与管理权分离。

（5）投资者按照合伙协议的约定提供资金，共享投资风险和收益。

（6）基金管理人投入少量资金，全面负责基金的运营与决策，收取一定的管理费，作为普通合伙人对基金承担无限责任。

（7）有限合伙通常有固定的存续期（一般为7～10年）。到期后，除全体投资人一致同意延长期限外，合伙企业必须清算，并将获利分配给投资人。

◆优点

有限合伙型私募股权投资基金的优点主要体现在：

（1）融资机制灵活，有限合伙人的认缴时间选择相对灵活，投资人（除合格投资人认定需缴纳的100万元投资款以外）可以选择在任意项目启动退出程序之前的任一时点完成基金份额的实缴；此外，有限合伙人之间可在《合伙企业法》的界限范围内相对自由地制定约定份额转让、退出机制、利益分配机制等操作规则。

（2）所有权和管理权相互分离，分配机制与组织机制灵活。

（3）可以避免双重纳税，因为合伙企业不具有法人资格，不属于纳税主体，对于基金取得的收益仅在合伙人层面纳税。

（4）激励机制与约束机制比较完善，有利于保证基金运作的稳定性，实现基金利益最大化，同一基金的不同项目可以选择独立核算收益。合伙基金层面，合伙人可随时分配收益，并可对分配范围、数额做约定。

◆**缺点**

有限合伙型私募股权投资基金的缺点主要体现在：

（1）基金设立要求比较高，设立及备案程序比较复杂。

（2）法律基础相对薄弱，组织稳定性比较差。

（3）与公司型私募股权投资基金相比，投资者享有的权利较少。

（4）因融资机制灵活，导致基金因资金未实缴到位不能正常营运的风险高于公司型。

（5）有限合伙型因有更多的空间自治，可以有更多的差异化设计，实行差异化管理，从而增加了基金的管理难度。

◆**治理机制**

有限合伙型私募股权投资基金适用于更加看重收益、低成本以及投资灵活度高的专业投资人/机构。有限合伙型组织模式虽然避免了部分公司型容易出现的问题，但因其不具备独立法人地位，所以相较于公司型组织模式，其组织稳定性较差并且管理制度相对不完善。

1.3.3　信托型私募股权投资基金

信托型私募股权投资基金是指将募集所得资金交由专业的基金管理团队或信托公司进行投资管理，它是一种信托资产，而非法人实体。一个完整的信托型私募股权投资基金，一般包括投资者、信托公司、受益人、投资顾问和托管银行5个主体，其中投资者是信托关系中的委托人，信托公司是受托人，受益人是投资者或者投资者指定的第三人。

◆**特点**

信托型私募股权投资基金的特点主要有：

（1）信托型私募股权投资基金是基于"信托—受托"关系设立的，通过信托契约确定投资者、管理人和受益人之间的权利与义务关系。

（2）信托型股权和创业投资主要通过契约的形式约束各方当事人，管理人根据所签订的契约将受托资产用于投资，投资者根据契约享有投资收益，基金的托管人按照契约对受托资产进行保管，最后由各方当事人就相关投资计划和收益分配进行约定。

◆**优点**

信托型私募股权投资基金的优点主要体现在：

（1）避免双重纳税。信托只是一种财产流动的"管道"而不是一个法律实体，并不构成应税实体，其所得税由受益人直接承担，因此可以避免双重征税问题，有效降低投资人的税收成本。

（2）因为信托基金有法律地位却无实际主体，从交易成本来看，其仅是利用简单的合同关系将各方结合在一起，无须注册专门的组织实体，因而不需要大量独占性不动产、动产和人员投入，交易及运营成本低廉。

（3）信托财产的独立性比较好，融资机制灵活。因为信托型私募股权投资基金的不同委托人之间不存在相互制约关系，某一部分委托人的变动不影响信托的有效存续，从而能够实现投资人的灵活进入与退出，有助于信托型私募股权基金增加融资额度、扩大投资规模。

◆**缺点**

信托型私募股权投资基金的缺点主要体现在：

（1）投资人退出受限，IPO退出有障碍。

（2）制度形成成本高，决策效率受限。在信托型私募股权基金的运作中，名义上的托管人是信托公司，并将基金以信托公司的名义在银行开设专户。但实质上信托型私募股权投资基金的运作通常并不由信托公司负责，而是由基金投资人另行委托给第三方团队运营和管理，托管人只是保障资金按照约定方式使用，并没有权利过问基金的决策及投资行为。而由于缺乏对第三方管理团队的约束、制衡和激励机制，基金投资者多少会面临一些道德风险问题。

◆治理机制

信托型组织结构最常见的应用场景为家族信托。家族信托基金，适用于不追求短期资金回报且不追求通过投资企业上市而得到巨额回报。家族信托是一种信托机构受个人或家族的委托代为管理、处置家庭财产的财产管理方式，以实现富人的财富规划及传承目标。通常其目的是整合家族财产，便于集合管理和规划，并实现资产所有权与收益权相分离，更好地帮助高净值人群规划“财富传承”。

家族信托要求财产委托人必须为家族内的定向人群、信托财产具有相对独立性，并且能够避免双重税负，运营成本低。家族信托通常“内部问题内部解决”，不涉及信托型基金“流动性”差的问题。

由上可以看出，公司型、有限合伙型和信托型三种组织形式的特点、优缺点以及治理机制各不相同。而私募股权投资基金在实践过程中具体选择哪种组织形式，需要当事人就可能获得的收益与面临的风险进行综合考虑。股权投资者作为资金的主要提供者和风险的主要承担者，其对成本、收益以及风险等的评估和权衡也就决定了私募股权投资基金采取的组织形式。

1.3.4　国内外基金运作模式的对比

由于诞生的时间、发展的背景、面临的政策环境以及遭遇的法律制约等方面的因素各不相同，国内外私募股权投资基金所采用的运作模式也具有明显的差别。欧美国家的私募股权投资基金多采取有限合伙型模式，而国内的私募股权投资基金则由公司型逐渐转向融合型。

◆欧美国家基金管理公司运作模式以有限合伙型为主

（1）主要采用有限合伙型。在私募股权投资基金发展成熟的欧美国家，有限合伙型成为主流的组织架构选择。高达86%的美国私募股权投资基金采取这一架构形式。很长一段时间内，黑石、KKR集团等美国知名基金管理公司均采用有限合伙型运作模式。

有限合伙型模式在美国并购基金及英国基金架构中还有另外的应用。基金管理人不直接领受管理分红，取而代之的是由其高管设立特殊目的机构作为管理分红领受人，该管理分红领受人在基金中作为有限合伙人存在。之所以如此安排，是因为在该模式下，基金管理人可摆脱自身的股份结构限制，灵活安排管理分红的比例。

（2）信托型私募股权投资基金开展顺利，应用广泛。在欧美国家，养老信托基金发展完备。根据美国投资委员会（AIC）的调查，在美国165个公共养老基金样本中，有91%的公共养老金涉及私募股权投资基金，平均占投资组合的8.7%。得益于其收益回报高、投资组合多样的特点，私募股权投资基金连续多年在养老金投资方案中表现最佳，其具体运作机制是委托人将养老金交给信托机构中的受托人，受托人对养老金进行管理与经营，使其产生收益。

家族信托是信托型私募股权投资基金常见的应用场景。其主要服务内容涉及财务规划、策略服务、行政服务和咨询服务。根据全球家族办公室调研报告结果分析，超过56%的家族将资产配置作为家族办公室的首要任务，并且有超过69%的家族办公室认为私募股权投资基金是带来收益的关键推动力。家族办公室在私募股权投资基金方面配置了较多（16%）的资产。

◆中国私募股权投资基金管理公司逐渐转向融合型

（1）政策推动下，由公司型逐渐转向融合型。公司型曾一度是我国私募股权投资基金的无奈之选。2006年《合伙企业法》修订前，我国大部分私募股权投资基金以公司型运营，其原因是：由于国家不承认有限合伙型，合伙人必须同时缴纳个人所得税及企业所得税；同时，合伙人还需要承担无限责任。

随着私募股权投资基金在国内的发展，政策也越发利好我国私募股权投资基金转型。根据《国务院关于个人独资企业和合伙企业征收所得税问题的通知》（国发〔2000〕16号），自2000年1月1日起，对个人独资企业和合伙企业停止征收企业所得税；2006年修订的《中华人民共和国合伙企业法》承认有限合伙型的合法地位。此外，2015年版《公司法》强化了股东大会的管理，2019年版《证券法》稳定了退出预期，并通过注册制促使IPO常态化。目前，我国大部分私募股权投资基金采用有限合伙型，以提高股东大会运作效率，并避免双重赋税。

（2）现阶段法律环境下，信托型在我国难以推广。对于私募股权投资基金而言，要获得收益就必须具有可靠的退出渠道，如IPO上市退出以及其他形式的转让退出。但由于我国私募股权投资基金的发展过程中，证监会对信托型私募股权投资基金一直持较为谨慎的态度，因此信托型基金面临的一个重要问题即IPO退出困难。这主要是因为，我国一直没出台相应的信托登记制度，而这也就使得信托型私募股权投资基金难以通过上市等方式获得预期的可观回报。

除退出渠道方面的障碍外，依据我国相关的法律法规，在信托型组织形式中，可供投资者证明其信托财产及其收益拥有权利的凭证为信托合同，而信托合同与标准化契约有所不同，而这也直接导致了投资者进行资产转让时所需的手续较为烦琐，不利于资产在二级市场的流动。

此外，信托型私募股权投资基金在运作过程中的一些问题也使得该组织形式具有一定的劣势。比如，对于信托型私募股权投资基金而言，其需要以信托公司的名义在银行开设专户，信托公司也即基金表面上的托管人。但在实际的运作过程中，投资人通常会委托专业的第三方团队进行基金的运营和管理，托管人无权对其进行相应的激励或制衡，基金投资者容易面临道德风险方面的问题。

第2章 基金募集

2.1 基金募集渠道与特点

2.1.1 政府引导基金

近几年，在私募股权投资基金的各种募资渠道中，政府引导基金占据了比较重要的位置。政府引导基金从上到下分为4个层次，分别是国家级、省级、市级、区级。政府引导基金投资子基金的设立要参考很多政策法规，包括《政府投资基金暂行管理办法》（财政部2015年印发）、《政府出资产业投资基金管理暂行办法》（国家发展改革委2016年下发），以及各地方政府为政府引导基金设立出台的相关政策与办法。

政府引导基金之所以备受青睐，主要是因为可投资金相对充裕，但因为在返投、区域、行业等方面有所限制，再加上绩效考核、退出机制、让利机制等与市场化基金的管理机制不同，所以私募股权投资基金在获得政府引导基金的出资承诺后，可能无法顺利地吸引社会资本，最终导致基金无法成立。

2020年2月21日财务部发布的《关于加强政府投资基金管理 提高财政出资效益的通知》（财预〔2020〕7号），对政府投资基金（包括母基金）提出了很多要求，致力于解决政府引导基金存在的各种问题。其中，针对政府引导基金“政策目标重复、资金限制和碎片化”的问题，该通知给出了很多解决方案，包括强化政府预算对财政出资的约束、健全政府投资基金退出机制、提高政府投资基金使用效能、禁止通过政府投资基金变相举债、完善政府投资基金报告制度等。

2.1.2　企业投资者

在私募股权投资基金的各种资金来源中，企业投资者是最为重要的募集渠道之一。与个人投资者相比，企业投资者所拥有的资金实力往往更强。如果企业投资者为上市公司，其利用闲散资金进行股权投资的行为便属于财务投资。而且，企业投资者也可以与专业的基金管理人合作，以获得更为可观的投资收益。

对于不同的企业而言，其在进行私募股权投资的实践过程中，也应该注意相应的问题。比如，一些民营上市企业、大型企业本身可能面临较大的资金压力，自身经营也会比较困难，因此应该注意保持对外投资与自身经营之间的平衡；一些上市企业、国有企业等虽然资金充裕，并且有对外投资的意愿，但可能缺乏投资经验，也应该采取谨慎的投资策略，不可轻易对外投资；此外，国有企业的对外投资需要遵守国有企业内部的政策与规定。

2.1.3　个人投资者

个人投资者包括高净值个人、家族办公室、财富管理机构等。

高净值个人指的是在某个领域取得非凡成就的企业家，其对某些行业了解比较深入，见解独到，愿意对某个领域、某个项目进行投资。一些高净值个人的财富管理往往采用家族办公室的模式，财富管理资金的期限比较长，往往和股权投资期限相一致。这种家族办公室模式在国外发展得比较成熟，但在中国仍处于起步阶段。

相较于高净值个人与家族办公室，我国的财富管理机构发展得更加成熟，目前，机构数量超过了1万家，其中私募股权投资的投资管理占据了较大比重。财富管理机构的优点在于客户基础较好，募集资金的速度较快，但整个行业都面临着信任危机。对于很多普通合伙人来说，头部财富管理机构是一个非常重要的选择。

2.1.4 市场化母基金

目前，中国市场化母基金处在初级发展阶段。在相关管理机构管理的资产中，有国资背景的母基金规模最大，以歌斐资产为例的第三方财富管理出身的母基金管理机构发展速度较快，活跃度较高。相比之下，作为市场中专业化程度较高的有限合伙人，没有国资背景的市场化母基金却面临着募资难的问题。

2.1.5 社保基金

在私募股权投资基金募资的各种渠道中，社保基金是一种比较传统的募集渠道。按照《全国社会保障基金投资管理暂行办法》（2001年）的相关规定，社保基金从2004年开始投资股权投资基金。

社保基金凭借规模大、资金稳定、期限长的优点，成为私募股权投资基金比较理想的募集渠道，缺点在于对普通合伙人的要求比较高。另外，由于社保基金具有民生性质，虽然可投资的体量比较大，但投资时往往采取谨慎策略，多半倾向于针对后期已经比较成熟的私募股权投资基金项目进行投资。

2.1.6 保险资金

对于私募股权投资基金来说，保险资金也是一个比较理想的募资渠道。按照《保险资金投资股权暂行办法》（2010年）、《关于保险资金投资股权和不动产有关问题的通知》（2012年）、《保险资金运用管理办法》（2018年）等文件的规定，保险资金的投资方向包括股权投资基金、创业投资基金。

保险资金最大的优点就是长期、稳定，投资期限与私募股权投资基金大体一致，但政策准入门槛较高，对管理人要求较高，只有极少数私募股权投资基金管理人可以进入保险资金的白名单。

2.1.7　商业银行

长期以来由于我国金融政策不够健全和完善，因此商业银行等“长钱”机构难以进入资本市场，这对我国经济的发展造成了严重阻碍。实际上，在《关于规范金融机构资产管理业务的指导意见》（以下简称《资管新规》）出台之前，商业银行理财资金通过通道认购结构化私募股权投资基金的优先级是非常流行的一种募资渠道。但《资管新规》出台后，这个通道被禁止。

近年来，随着资本市场对健全金融政策呼声的增强，我国政府加紧完善政策以保障经济平稳运行。2018年12月，银保监会出台《银行理财子公司管理办法》，允许银行理财子公司的理财资金投资私募股权投资基金。2021年1月，中共中央办公厅、国务院办公厅印发《建设高标准市场体系行动方案》，鼓励银行及银行理财子公司依法依规与符合条件的证券基金经营机构、创业投资基金和政府出资产业投资基金合作。

实际上，商业银行理财子公司的投资范围与私募股权投资基金的一般投资范围大体一致，但为了保证资金安全，满足资金流动性要求，再加上《资管新规》对久期管理、禁止资金池等方面的要求，导致商业银行理财子公司投资私募股权投资基金的动力不足，整体比较谨慎。除此之外，根据《中华人民共和国商业银行法》的相关规定，商业银行自有资金不能在境内向非银行金融机构和企业投资，但在现实生活中，一些商业银行会在境外设立子公司，在境内、境外投资私募股权投资基金。此外，商业银行也有可能通过私人银行部将私募股权投资基金推荐给高净值客户，从而与私募股权投资基金建立合作关系，但这些不属于普遍的募资渠道。

不过，《建设高标准市场体系行动方案》等利好政策的陆续出台，将进一步增强商业银行等机构的投资信心，为私募股权投资基金募集渠道的扩展提供有力保障。

2.1.8 证券期货资管计划

根据《证券期货经营机构私募资产管理业务管理办法》（2018年）的相关规定，证券期货经营机构指的是证券公司、私募股权投资基金管理公司、期货公司及前述机构依法设立的从事私募资产管理业务的子公司，证券期货资管计划可以向私募股权投资基金投资。但在实践过程中，证券期货经营机构因为面临的募资压力比较大，所以在对私募股权投资基金出资时往往会采取谨慎、保守的策略。

2.1.9 信托公司

按照《信托公司管理办法》（2007年）的相关规定，如果信托公司将私募股权投资基金认定为金融产品，信托公司就可以利用自有资金投资私募股权投资基金，但因为资金总量有限，所以投资私募股权投资基金的动力不足。

按照《信托公司集合资金信托计划管理办法》（2009修订）的相关规定，信托公司的受托资金可以投资私募股权投资基金，但受资金流动性较差、禁止资金池业务等问题的影响，受托资金也没有足够的动力投资私募股权投资基金，可以使用的资金量比较少。

2.1.10 境外资金

境外资金主要包括境外投资者、外商投资性公司、外商投资创业投资企业和一般外商投资企业。

外商投资性公司的门槛比较高，主要面向有一定规模和产业背景的公司，适合跨国公司进行战略投资。在具体实践方面，很多外商投资性公司投资的企业都被认为是外商投资企业。

外商投资创业投资企业的投资范围有一定的限制。在具体实践方面，外商投资创业投资企业作为外资参与私募股权投资基金的主体较少见，外商投资创业投资企业的投资对象往往被认定为一般外商投资企业。

我国一些地区出台的合格境外有限合伙人政策曾尝试打破这种限制。比如，上海和天津的合格境外有限合伙人政策都曾做出过类似规定：试点股权投资管理机构可以按照外汇管理的相关规定向托管银行办理结汇，并将结汇后的资金投入股权投资企业，这部分资金不会改变其投资的合伙制股权投资企业的原有属性。

无论是外国投资者直接投资，还是外资企业向私募股权投资基金投资，只要含有外资成分，都会给基金造成一定影响。外资私募股权投资市场准入门槛比较高，无法对《外商投资准入特别管理措施（负面清单）（2021年版）》中禁止外资投资的领域进行投资。除此之外，外商投资企业还面临着投资结汇和用汇问题。一些城市给出了用汇结汇路径，但申请用汇额度要根据额度余额确定，放款过程需要地方金融局和外汇管理局相互配合。

2.1.11　其他渠道

◆大学校友基金会

大学校友基金会作为私募股权投资基金的资金来源在美国非常流行，典型代表如耶鲁大学基金会。但在中国，大学校友基金会的主要功能是帮大学解决特定问题，主要是财务供给问题，在投资方面往往采取保守策略，追求资产保值。另外，我国很多大学校友基金会的组织体系不完善、投资策略不健全、投资管理机构不专业，导致其投资不积极。但一些比较成熟的大学校友基金会有很大的发展空间，如清华大学校友基金会、中国人民大学校友基金会等。

◆债权融资

2005年发布的《创业投资企业管理暂行办法》就提到了这种募资方式，允许创业投资企业在法律规定的范围内通过债权融资方式增强投资能力；2017年发布的《中国证监会关于开展创新创业公司债券试点的指导意见》，进一步拓展了“双创债”的发行主体的范围，将符合条件的创业投资公司，即向创新创业企业进行股权投资的公司型创业投资基金和创业投资基金管理机构纳入其中。

但债权融资的门槛较高，基本上只有具备国资背景的机构才有资质。此外，私募股权投资基金大多以有限合伙型的组织形式存在，与债券发行主体必须是公司型的要求相悖。因此，发行债券募资不是主流的募资方式。

2.1.12 我国基金募集渠道的特点

◆国内外投资者主要类型、主体不同

国外股权基金投资者以社会化基金为主，投资者的主要类型如下：

- 养老基金：公司养老基金和公共养老基金；
- 母基金：国外已发展成熟；
- 大学校友基金会：非营利性基金会，为保持学校的运作而设立；
- 大型企业：自己出资设立子公司或作为投资者参与两种方式；
- 金融机构：商业银行和投资银行；
- 富有的个人或家族：作为基金投资者参与而非基金管理人。

国内股权基金投资者中政府扮演着重要角色，投资者的主要类型如下：

- 母基金：成为我国股权投资基金行业重要的投资者；
- 政府引导基金：政府设立并按市场化方式运作；
- 全国社会保障基金：国家社会保障储备基金；
- 金融机构：保险公司、商业银行、证券公司、基金子公司；
- 工商企业：最主要的投资资金来源；
- 个人投资者：高净值。

◆我国的多渠道募资来源

（1）政府引导基金规模不断扩大，进入存量优化阶段。

政府引导基金主要是指创业投资引导基金，其不以营利为目的，属非商业性基金。该类基金发挥作用的机制是引导社会资金进入创业投资领域，而非直接从事创业投资，一般按市场化的有偿方式运作，而非通过拨款、贴息或风险补贴式的无偿方式进行运作。

一方面，我国政府引导基金的规模正不断扩大，2012—2019年，设立引导基金自身总规模增加20246亿元，复合年均增长率达59.32%；另一方面，政府引导基金进入存量优化阶段，2019年政府引导基金设立及规模较2018年进一步放缓。2019年政府引导基金累计总规模达21054亿元，2020年上半年政府引导基金累计总规模达21452亿元。

（2）国内母基金发展需要进一步完善。

目前，我国母基金处于起步阶段，资金来源以政府资金为主（如表2–1所示），而政府基金受传统政治关系的影响，普遍存在投资周期较短、投资持续性较差的现象。未来政府引导基金应更多地发挥引导作用，鼓励家族办公室等机构管理人的设立，引导高净值个人、家族办公室以及社会化资本的“长钱”进入股权投资市场。

表2–1　国外母基金与国内母基金的对比

分类	国外母基金	国内母基金
资金来源	机构投资者的长期资金，如养老金、家族办公室等	政府引导基金或是政府下的投资平台，以及国企的投资公司
投资周期	存续期10~15年	国内一般是在10年之内，有的为7~8年
投资策略	涵盖多种策略，包括并购、成长资本、风险投资、特殊情况投资、不良资产投资、夹层投资	投资策略单一
投资领域	投资领域广阔，可以跨某个地区和跨行业	投资标的单一，以一线城市和当地产业为主
退出机制	多种渠道实现退出，包括出售给战略投资者和其他私募股权投资基金、二手份额市场以及IPO	国内母基金退出机制亟待发展

（3）家族办公室成为未来LP重要"活水"。

福布斯中国富豪榜总财富值的飙升折射出国内财富管理和家族办公室市场巨大的发展潜力。2020年福布斯中国富豪榜上榜者的总财富值由一年前的9.1万亿元飙升至14.1万亿元，近2/3上榜者的财富在过去一年时间有所上涨。同时，2022年的上榜门槛为15.5亿美元（约110亿元人民币），相较2021年的10亿美元（约71亿元人民币）门槛上涨了55%。国内家族办公室市场将持续释放可观的增长潜力和巨大的市场价值。

根据清科的数据统计，2020年市政府类出资额占出资总额的30%；富有家族及个人LP占出资总额的13.5%，但占出资数量的71.4%。如果将富有家族及个人LP的出资情况再进行研究分析会发现，从出资金额来看，可能超级富有家族又占主要部分，而家族办公室又可能正是超级富有家族的主要资产管理部门。

家族办公室其实是一个综合性资产管理公司，其需要站在家族背后的位置，为其定制化配置多样资产。特点是与家族高度信任、高度定制化、买方立场、高度多样化。通过清晰的家族治理架构、统一的家族价值观，实现财富、企业与家风文化的永续传承。能够满足高净值家族和个人的财富管理需求。

◆高净值个人及家族将成为投资主体

从全球范围来看，疫情后期，相较于其他国家和全球来说，中国家庭财富增加是最多的。根据瑞信发布的《2020年全球财富报告》，2020年上半年，中国家庭财富增加了4.4%，而且中国亿万富翁的涨幅在全球范围内也是最大的。

◆合格投资者制度

随着私募基金等资本力量的不断发展，我国已经形成了较为完善的合格投资者制度，明确了不同类型投资者的资产、专业能力以及投资额度等，如表2–2所示。

表 2–2 对于投资者的要求

分类	个人投资者	机构投资者
对投资者资产的限制	金融资产不低于300万元/最近三年个人年均收入不低于50万元	净资产不低于1000万元
对投资者专业能力的限制	具备相应风险识别能力和风险承担能力	
对投资者投资额度的限制	投资于单只私募基金的金额不低于100万元	

2.2 基金募集流程与合规要点

2.2.1 基金募集流程

为了进一步推动我国私募股权投资基金行业的健康发展，努力做到有法可依，由中国基金业协会组织起草的《私募投资基金募集行为管理办法》于2016年7月15日正式实施。

《私募投资基金募集行为管理办法》中明确规定了私募基金募集应当履行下列程序：

- 特定对象确定；
- 投资者适当性匹配；
- 基金推介；
- 基金风险揭示；
- 合格投资者确认；
- 签署私募基金合同；
- 投资冷静期；
- 回访确认。

2.2.2 特定对象确定

在向投资者推介私募股权投资基金之前，基金募集机构要通过问卷调查确定特定对象，对投资者的风险识别能力与风险承担能力进行评估。投资者要以书面形式做出“符合合格投资者标准”的承诺。

◆合理的审查义务

公司要对募集资金的投资者进行审查，具体事项包括：

- 确定投资者以书面形式做出为自己购买私募股权投资基金的承诺；
- 在合同中约定转让条件。

◆调查问卷形式

资金募集机构要建立科学的投资者问卷调查评估方法，确保问卷调查结果与投资者的风险识别能力与风险承担能力相契合。具体来看，问卷调查内容主要包括以下几点，如表2–3所示。

表 2–3 问卷调查内容

调查项目	具体内容
投资者的基本信息	个人投资者的基本信息包括身份、年龄、学历、职业、联系方式等；机构投资者的基本信息包括工商登记中的必备信息、机构联系方式等
财务状况	个人投资者的财务状况包括金融资产状况、最近三年个人年均收入、收入中可用于金融投资的比例等； 机构投资者的财务状况包括净资产状况等
投资知识	包括对金融法律法规、投资市场和产品情况、私募股权投资基金风险的了解程度以及参加专业培训情况等信息
投资经验	包括投资期限、投资产品类型、投资金融产品的数量、参与投资的金融市场情况等
风险偏好	包括投资目的、风险厌恶程度、计划投资期限、投资出现波动时的焦虑状态等

2.2.3 投资者适当性匹配

2016年7月15日实施的《私募投资基金募集行为管理办法》将“投资者适当性匹配”划为私募股权投资基金募集程序的一环，规定“募集机构应当根据私募股权基金的风险类型和评级结果，向投资者推介与其风险识别能力和风险承担能力相匹配的私募股权基金”，但没有对如何操作投资者适当性匹配做出明确规定。

2017年6月28日中国证券投资基金业协会发布《基金募集机构投资者适当性管理实施指引（试行）》（以下简称《指引》），为基金募集机构在基金销售过程中贯彻落实投资者适当性匹配工作提供了明确指导。

《指引》第二十条规定：“了解投资者信息要包含但不限于《办法》第六条所规定的内容。自然人投资者还要提供有效身份证件、出生日期、性别、国籍等信息。《办法》第八条第一款所述机构作为投资者的，还要向基金募集机构提供营业执照、机构负责人或者法定代表人信息、经办人身份信息等资料。《办法》第八条第二款所述产品作为投资者的，要向基金募集机构提供产品成立、备案证明文件等资料及参照金融机构要求提交该产品管理人的机构信息。基金募集机构要告知投资者对其所填资料的真实性、有效性、完整性负责。”

2.2.4 基金推介

参照《私募投资基金募集行为管理办法》第四章第二十一条：“募集机构应当自行或者委托第三方机构对私募基金进行风险评级，建立科学有效的私募基金风险评级标准和方法。募集机构应当根据私募基金的风险类型和评级结果，向投资者推介与其风险识别能力和风险承担能力相匹配的私募基金。”

私募股权投资基金管理人制作推介材料并使用，要保证材料内容真实、完整、准确。募集机构要采取合理的方式向投资者披露私募股权投资基金信息，揭示投资风险，保证推介材料的相关内容清晰、明确。

◆推介材料

推介材料要包含以下内容：

- 私募股权投资基金的名称和类型。
- 私募股权投资基金管理人名称、私募股权投资基金管理人登记编码、基金管理团队等。
- 中国证券投资基金业协会私募股权投资基金管理人及私募股权投资基金公示信息，包含相关的诚信信息在内。
- 私募股权投资基金托管情况，如果没有，需要用醒目的字体标注出来；律师事务所、会计师事务所、保管机构等其他服务提供商；投资顾问聘用情况等。
- 私募股权投资基金的外包情况。
- 私募股权投资基金的投资范围、投资策略和投资限制情况。
- 私募股权投资基金收益与风险匹配情况。
- 私募股权投资基金的风险揭示。
- 私募股权投资基金募集结算资金专用账户及监督机构信息。
- 投资者承担的主要费用及费率，投资者的重要权利，包括认购、赎回、转让等限制、时间和要求等。
- 私募股权投资基金信息披露内容、披露方式及披露频率。
- 明确规定该文件不得转载，不得交给第三方传阅。
- 如果私募股权投资基金采用合伙企业、有限责任公司组织形式，要明确规定不能用入股协议代替合伙协议或公司章程，说明按照《合伙企业法》或《公司法》的相关规定，应当由全体合伙人、股东协商以书面的形式制定合伙协议和公司章程。如果申请设立合伙企业或公司，或者变更合伙人或股东，要向企业登记机关履行申请设立及变更登记手续。

- 中国证券投资基金业协会规定的其他内容。

◆禁止行为

募集机构与相关人员在推介私募股权投资基金时要做到：

- 不能公开推介或者变相公开推介；
- 推介材料不能造假，不能存在误导性陈述以及重大遗漏；
- 不能以任何形式做出投资者资金不会受到损失的承诺，也不能以任何方式做出最低收益承诺，不能通过任何形式对“预期收益”“预计收益”“预测投资业绩”等内容进行宣传；
- 不得夸大或者片面推介基金，在推介基金时不能使用“安全”“保证”“承诺”“保险”“避险”“有保障”“高收益”“无风险”等词汇，以免对投资者造成误导，导致其对基金风险做出错误判断；
- 不能使用“欲购从速”“申购良机”等强调营销时限的词汇，以免投资者冲动决策；
- 不得推介过往整体业绩或过往基金产品业绩；
- 不得登载个人、法人或者其他组织的祝贺性、恭维性或推荐性文字；
- 不得采用不具有可比性、公平性、准确性、权威性的数据来源和方法进行业绩比较，不得任意使用“业绩最佳”“规模最大”等词汇；
- 不得恶意贬低同行；
- 不得允许非本机构雇佣人员进行私募股权投资基金推介；
- 不得推介非本机构设立或负责募集的私募股权投资基金；
- 法律、行政法规、中国证监会和中国证券投资基金业协会禁止的其他行为。

2.2.5 基金风险揭示

基金募集机构要在投资者签署基金合同之前向投资者说明一些必要事项，包括相关的法律法规，投资冷静期、回访确认等程序性安排，与投资者有关的其他权利，私募股权投资基金风险等，并与投资者签署风险揭示书。

风险揭示书要涵盖以下内容，如图2–1所示。

图2–1 风险揭示书的三大内容

- 特殊风险：特殊风险主要包括基金合同与中国证券投资基金业协会合同指引不一致所产生的风险、基金未托管所产生的风险、基金委托募集所产生的风险、外包事项所产生的风险、聘请投资顾问所产生的风险、没有在中国证券投资基金业协会登记备案所产生的风险等。
- 一般风险：一般风险包括资金损失风险、流动性风险、基金运营风险、投资标的风险、募集失败风险、税收风险等。
- 合同确认：投资者要对基金合同中与投资者有关的权益风险进行确认，包括当事人的权利与义务、费用与税收、出现纠纷之后的解决方式等。

2.2.6 合格投资者确认

募集机构在向投资者说明私募股权投资基金风险之后，应该要求投资者提供资产证明或者收入证明，并对其风险识别能力和风险承担能力做出科学判定。从理论上讲，一名合格的投资者应该具备一定的风险识别能力和风险承担能力，投资单只私募股权投资基金的金额在100万元以上，并且要符合以下标准：

- 个人投资者：金融资产不低于300万元或者最近3年个人年均收入不低于50万元；
- 机构投资者：净资产不低于1000万元。

◆审查资格

基金募集机构要按照私募股权投资基金合格投资者标准对投资者进行审查，依法履行反洗钱义务，按照《证券投资基金法》《公司法》《合伙企业法》等法律法规的要求，对单只私募股权投资基金的投资者数量进行控制。

◆穿透核查

如果通过合伙企业、契约等非法人形式对多数投资者的资金进行整合来投资私募股权投资基金，无论投资形式是直接投资还是间接投资，私募股权投资基金管理人或销售机构都应该对最终投资者进行穿透核查，确定其符合合格投资者的标准，并对投资者的数量进行统计，具体流程如图2-2所示。

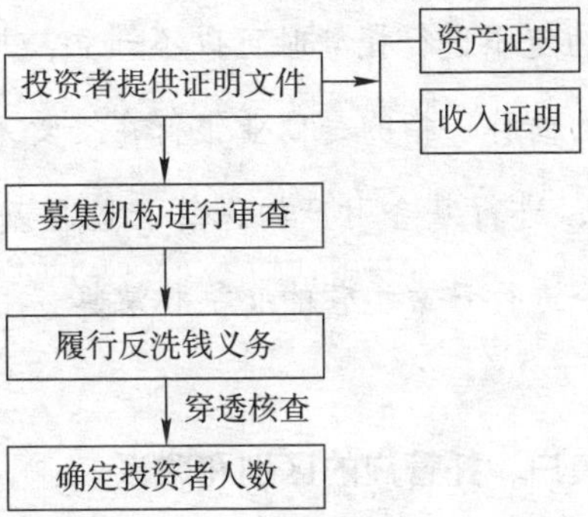

图 2-2 合格投资者确认流程

2.2.7 签署私募基金合同

基金募集机构确认投资者符合合格投资者标准之后，需签署私募基金合同。投资者投资私募基金使用的资金来源必须合法，不能存在非法集资行为。在私募股权投资基金的运作过程中，经常会牵涉私募基金的资金账户，因此了解私募基金的三类账户以及资金划转流程十分必要。

◆基金基本户、募集户、托管户的概念

私募基金的三类账户为：

- 基本户：是募集户和托管户开设的前提，只能开设一个。基金基本户指的是基金的银行基本存款账户，也即基金组织日常进行现金交付和转账结算所使用的账户，基本户开设之后，才能开设一般户（募集户和托管户）。
- 募集户：必须设立，以保证资金能够按原路返还，其性质属于一般户。募集户，实际上是私募基金募集结算资金专用账户的简称。根据《私募投资基金募集行为管理办法》，募集机构应该开设私募基金募集结算专用账户，用于私募基金募集结算资金的归集、投资者的收益分配以及基金结算后剩余基金财产的分配等操作。因此，中国证券投资基金业协会在对私募基金进行基金备案时，往往会重点关注其募集户。
- 托管户：当基金约定不进行托管时可以不开立，其性质也属于一般户。托管户，是银行托管账户的简称，指的是商业银行在接受基金管理人的委托后，其代表基金持有人的利益，进行基金财产的保管、监督基金管理人日常的投资运作，并按照管理人的指令进行日常运营的交割和清算。

◆基金基本户、募集户、托管户的区别和联系

只有开设基金基本户后，才能够开设募集户和托管户；基本户和募集户必须开设，但托管户可以不开立；募集户中的资金实际上归属于投资者，托管户中的资金则是属于基金的财产。但在现实操作中，为保障投资者的资金安全，也为约定有关财产安全的制度措施和纠纷解决机制，大部分私募股权投资基金管理机构在设立基金时，都会在符合资质的托管银行中设立托管账户。

◆资金划转操作流程

私募基金的资金流转主要发生在基本户、募集户、托管户以及基金募集对象和拟投资企业账户之间。

- 基金募集期间：资金流向为，基金投资者—基金募集户—基金托管户；
- 基金募集期后：资金划入托管户后，资金便属于基金财产，由基金管理人负责管理、基金托管人负责监督保管；
- 基金运作期内：基于托管协议的约定，基金管理人指定托管机构将资金从托管户划转至投资项目指定账户以及其他在基金管理过程当中产生的各项费用产生的关联机构的账户；
- 基金退出阶段：资金流向为，托管户—募集户—投资者账户。
- 基金清算阶段：剩余基金财产由托管户经托管银行确认清算报告后划入募集户，再分配至投资者账户。

2.2.8　投资冷静期

虽然私募股权投资基金可能带来较高的收益，但投资者同样需要面临比较高的风险。因此，为了给投资者提供多一层的保护、减少投资者因冲动而导致的资金损失，我国相关法规设立了“投资冷静期”，使投资者能够在合同签署后的一定期限内可以单方面解除基金合同。根据《私募投资基金募集行为管理办法》中的相关规定，投资冷静期是资金募集过程中的一个必备环节。

《私募投资基金募集行为管理办法》第二十九条规定：“各方应当在完成合格投资者确认程序后签署私募基金合同。基金合同应当约定给投资者设置不少于二十四小时的投资冷静期，募集机构在投资冷静期内不得主动联系投资者。（一）私募证券投资基金合同应当约定，投资冷静期自基金合同签署完毕且投资者交纳认购基金的款项后起算；（二）私募股权投资基金、创业投资基金等其他私募基金合同关于投资冷静期的约定可以参照前款对私募证券投资基金的相关要求，也可以自行约定。”

2.2.9 回访确认

在投资冷静期结束后，募集机构的工作人员可以通过录音电话、电子邮件、信函等形式对投资者进行回访，回访内容包括但不限于以下几点：

- 确认受访人是否为投资者本人或机构；
- 确认投资者是否购买该基金产品以及投资者是否按照要求亲笔签名或盖章；
- 确认投资者是否已经阅读并理解基金合同和风险揭示的内容；
- 确认投资者的风险识别能力及风险承担能力是否与所投资的私募基金产品相匹配；
- 确认投资者是否知悉投资者承担的主要费用及费率，投资者的重要权利，私募基金信息披露的内容、方式及频率；
- 确认投资者是否知悉未来可能承担投资损失；
- 确认投资者是否知悉纠纷解决安排。

在回访过程中，募集机构的工作人员不能出现诱导性陈述，不能在投资冷静期内进行回访，否则会被视为无效。回访确认流程如图2–3所示。

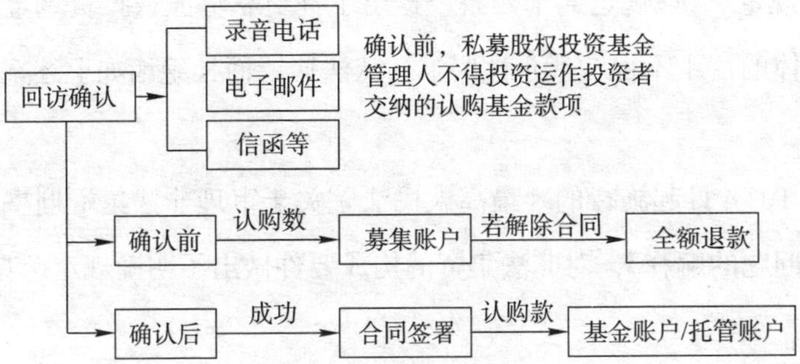

图 2–3　回访确认流程

2.3　基金募集的法律实务

2.3.1　非法集资等问题

新版《合伙企业法》确立了有限合伙制度，从法律层面为私募股权投资基金采取有限合伙型模式提供了充分依据。在这种情况下，私募股权投资基金在募集过程中有可能遇到以下法律问题：作为私募股权投资基金发起人的普通合伙人如何向有限合伙人募集资金？如何明确普通合伙人与有限合伙人之间的权利与义务？

2009年发生的两起案件给私募股权投资基金行业带来了极大的震撼，一个案件是红鼎创投的刘晓人因为无力偿还民间集资被迫自首，最终被判死刑；另一个案件是上海汇乐创投的黄浩因为涉嫌非法集资被判无期徒刑。这两个案件发生后，很多人开始思考，如何在不触碰非法集资红线的情况下进行有效的资金募集。

为了进一步规范行业健康发展，2021年证监会发布《关于加强私募投资基金监管的若干规定》，该规定共十四条，提出了针对私募股权投资基金管理人及从业人员等主体的“十不得”禁止性要求。从法律层面杜绝诸如上述案例所示的非法集资行为。

2011年1月4日起施行的《最高人民法院关于审理非法集资刑事案件具体应用法律若干问题的解释》，对非法集资的构成要件做出了明确规定，具体如下：

- 未经有关部门依法批准或者借用合法经营的形式吸收资金；
- 通过媒体、推介会、传单、手机短信等途径向社会公开宣传；
- 承诺在一定期限内以货币、实物、股权等方式还本付息或者给付回报；
- 向社会公众即社会不特定对象募集资金。

2.3.2 管理费计提比例

在有限合伙协议中，私募股权投资基金的管理费计提比例是必备条款。在实践过程中，由于有限合伙人对私募股权投资行业的了解程度比较浅，在普通合伙人提出管理费计提比例之后往往要考虑很长时间。因为在实践过程中，普通合伙人通常以基金管理公司的身份出现。下面我们对管理费计提比例设置的常规做法进行简单介绍。

在私募股权投资基金中，管理费指的是普通合伙人向有限合伙人收取的费用，其用途主要是支付基金管理公司的日常开销，包括公司注册费用、办公场所租赁费用、人员工资、差旅费用等，它在很大程度上影响着基金的正常运行。按照行业常规，管理费计提比例一般是有限合伙人总出资额的2%。在某些情况下，管理费计提比例会随着时间递增或者递减，如一般投资期为2%，进入退出期降为1% ~1.5%。

除此之外，随着基金管理公司管理的基金规模不断下降，管理费计提比例也会下降。一般情况下，相关人员在确定管理费计提比例时要考虑以下因素，包括基金规模、基金类型、聘用的人员、租用办公室的地点与规模、基金存续期的长短等。

需要注意的是，私募股权投资基金在运营过程中，有限合伙人支付的管理费用不仅用来支付日常开销，还要支付普通合伙人产生的一些费用，包括聘请法律顾问的费用、聘请审计师的费用、向有限合伙人定期汇报基金表现产生的开支、向中介机构支付投资项目的中介费用等。在实践过程中，普通合伙人与有限合伙人会对这些费用进行商定，将这些费用纳入投资成本，在分配最终收益时扣除。

2.3.3　投资回报分配

对于有限合伙人来说，投资回报的分配问题是他们最关心的问题。为了保证投资回报分配的合理性，普通合伙人往往会设计很多复杂的投资回报分配条款，这就使有限合伙人感到非常困惑。下面我们从两个方面对投资回报分配问题进行阐述。

◆投资回报的分配时间

投资回报的分配时间会直接影响普通合伙人与有限合伙人的利益。目前，私募股权投资基金领域流行的投资回报的分配时间有两种：

- 一种是在投资项目产生回报后立即对收益进行分配，具体来看就是在每个投资项目退出后，按照协议约定对投资回报进行分配。这种分配方式对普通合伙人有利。因为按照这种分配方式，普通合伙人能够获得的回报要比协议约定的回报高20%。
- 另一种是还本后分配，也就是在有限合伙人收回投资成本后再给普通合伙人分配收益。这种分配方式对有限合伙人有利。因为在这种分配方式下，有限合伙人可以优先获得回报。

在实践过程中，如果在投资项目产生回报后立即对收益进行分配，有限合伙人可能会针对特别项目产生的损失，或者普通合伙人获得的比约定的总投资回报分成比例高出的部分（前面提到的20%）进行回拨，这种机制被称为“利润回拨”机制。

一般情况下，在第一个投资项目退出之后，普通合伙人应该从投资回报中提取20%进行回拨，也就是和有限合伙人设立一个共管账户。在第二个投资项目退出时，如果第二个项目处于盈利状态，就将普通合伙人留存的20%的收益划拨到普通合伙人名下，再从第二个投资项目中提取20%进行留存；如果第二个投资项目亏损，就用第一个投资项目留存的20%收益弥补损失，弥补损失的支出不能超出留存的20%收益。

◆投资回报的分配方式

投资回报必须在普通合伙人与有限合伙人之间分配。目前，国际通用做法是从基金投资的净资本利得中提取20%分配给普通合伙人，将剩下的80%分配给有限合伙人。但在具体实践中，有限合伙人作为出资人往往会要求获得优先回报，也就是在分配投资回报时，有限合伙人要先收回投资成本，并获取门槛收益，收益率为6% ~8%。

在有限合伙人提出优先回报要求之后，普通合伙人也有两种做法：

- 第一种是在有限合伙人获得优先回报之后，分配剩余投资回报时，普通合伙人可以按照高于20%的比例获得投资回报，如25%、30%等；
- 第二种是在有限合伙人获得6%~8%的优先回报后，普通合伙人可以获得有限合伙人所获优先回报的25%，然后按照协议约定对剩余投资回报进行分配。

2.3.4　利益冲突机制

根据《合伙企业法》第三十二条的规定："合伙人不得自营或者同他人合作经营与本合伙企业相竞争的业务。"由此诞生了利益冲突机制。具体到私募股权投资基金的实践中，很多时候，普通合伙人不只管理一只基金，可能同时发起或者先后发起几只基金，也可能受不同基金的委托同时管理几只不同的基金。在这种情况下，有限合伙人在选择投资项目时要考虑一点，即如何实现自身利益最大化。

在我国，私募股权投资基金是一个新生事物，熟悉私募股权投资基金运行规则，且具有良好判断能力和投资眼光的普通合伙人比较少，所以很多时候一名优秀的普通合伙人要同时管理多只基金。为有效维护有限合伙人的利益，普通合伙人与有限合伙人可以在普通合伙人发起设立新基金或者受委托管理新基金时，对其管理的基金数量做出限制。例如，约定单一自然人控制的基金数量不能超过两只；或者对普通合伙人发起设立或者受委托管理的基金的规模、投资地域、产业、投资阶段等做出规定，将其与目前管理的基金区分开。另外，有限合伙人还可以要求普通合伙人对不同基金的投资情况进行定期披露。

2.3.5　安全港原则

根据《合伙企业法》第七十六条的规定："有限合伙人未经授权以有限合伙企业名义与他人进行交易，给有限合伙企业或者其他合伙人造成损失的，该有限合伙人应当承担赔偿责任。"这是安全港原则的来源。

在私募股权投资基金的实践中，有限合伙人作为出资人往往会要求掌握一定的话语权，亲自参与到投资实践中。普通合伙人为了打消有限合伙人的种种疑虑，让其放心投资，通常会在企业内部的投资决策委员会中为有限合伙人设置一定的席位，赋予有限合伙人一定的表决权。因为有限合伙人可能对企业人和业务不太熟悉，所以投票表决时往往会出现议而不决的情况，导致表决效率较低，甚至会出现强迫普通合伙人投资其看好的项目的情况。

在这种情况下，很多人会以“安全港原则”为理由拒绝承担责任。但在具体实践中，有限合伙人在投决会上的种种表现很难让普通合伙人直接免责。根据《合伙企业法》第七十六条的规定，安全港原则有一定的适用条件，就是必须与第三方达成交易且造成实际损失。但如果等造成实际损失之后再分担责任，不仅会损害普通合伙人的利益，也会使有限合伙人的利益受损。

那么，在有限合伙人参与投决会的情况下，如何将有限合伙人对投决会决议效率的影响降至最低呢？目前，在这方面有几种方法可以借鉴，比如：

- 对参与投决会的有限合伙人设置一定的门槛，按照实际出资额的大小或其实缴出资份额比例进行划分，对进入投决会的有限合伙人的数量进行有效控制；
- 在投决会表决时允许有限合伙人享有表决权，但不能赋予其一票否决权，以保证投决会顺利进行；
- 在投决会表决时允许有限合伙人享有表决权，但对通过比例进行一定程度地调整，如超过80%的人投票就可以通过。

第3章　基金投资

3.1　私募股权投资基金的实战流程

3.1.1　Step 1：初步分析

无论是哪种类型的私募股权投资，投资人员在分析投资机会时都要尽量准确、完整地描绘目标企业或项目未来的发展前景，这个过程可能会历时3~18个月，具体时间要根据项目的复杂程度及利害关系来确定。在这个过程中，投资者与创业者要建立信任关系。

一般来讲，私募股权投资从基金管理人与被投企业第一次接触到达成交易要经历7个阶段，如图3–1所示。

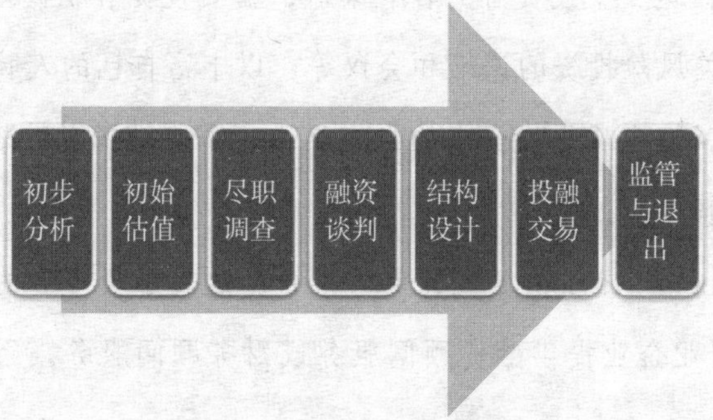

图3–1　私募股权投资的流程

投资者寻找投资项目的能力，在很大程度上决定着投资成功的概率。在私募股权投资的过程中，初步分析的主要目的在于让投资团队与被投企业的管理团队建立信任关系。在这个阶段，投融资双方交流的信息性质存在很大区别。公司注册地不同，信息公开程度也不同，再加上管理团队非常注重信息保护。为了获取更多与被投企业有关的信息，投资团队不得不多次召开工作会议，与被投企业的管理团队进行信息交流，对被投企业的具体情况进行分析。在必要情况下，投资团队要登门拜访，拜访次数视投资机会的性质而定。

投资团队在初步分析阶段要遵守行业规定，对被投企业提供的信息保密。为了保证信息安全，投融资双方可以签订保密协议，投资团队要承诺获取的所有与被投企业有关的信息都只用于投资机会分析，不会随意泄露，尤其是被投企业的敏感信息。

投资团队获取的投资机会大多来自熟人推荐，这些熟人包括投资者曾经投资过的创业者、其他投资者、合作过的会计师与律师等。由此可见，对于投资者来说，做好人脉积累至关重要。依靠丰富的人脉资源，投资团队可以获得丰富的项目源。投资机会的来源不同，初步分析耗费的时间也不同。

常见的项目来源主要包括：

● 创业者通过公开网站上的邮箱等渠道直接联系投资者，这属于投资者的品牌渠道，需要投资者积极树立在创业投资方面的品牌形象并提高市场知名度；

● 圈内介绍，这属于投资者的自有渠道，需要投资者积极打造自己的关系网络、踊跃参加相关风险投资的论坛和会议等，以丰富自己的人脉资源；

● 路演活动，这也属于投资者的自有渠道，需要投资者借路演过程积累自己的人脉并扩大品牌效应；

● FA（Financial Advisor）机构定向推介，这属于投资者的中介渠道，由于FA机构能够为创业企业提供融资顾问服务或财务顾问服务，因此可以有效连接创业者和投资者。

总体来看，在初步分析阶段，投资团队会对投资机会的基本情况进行全面了解，留下有潜力的投资项目，投资人并不一定会把项目公司拒之门外，相反有可能会保留改进空间，或可能会推荐给其他投资机构。在这个阶段，私募股权投资基金不会耗费太高成本。如果投资团队确定了投资项目，就要投入一定的资金对投资项目进行详细分析。因此，投资团队必须做好投资机会的筛选工作，因为任何通过初步分析但没有完成实际投资的项目都会产生成本，这些成本要通过其他投资活动产生的业绩抵消。在激励机制的约束下，投资人会尽量提高投资机会筛选的准确性，避免浪费太多沉没成本。

在初步分析结束之后，投资团队要拟定一份备忘录作为对投资机会进行初步分析的结论，为基金管理人确定是否有必要对投资机会进行深入分析提供指导。

3.1.2　Step 2：初始估值

初始估值就是确定价格范围，即公司收购价格的上限和下限。其实，投资者在确定公司内在价值时，尤其是对中后期财务模型已经比较成熟的创业项目来说，通过与那些已经上市并披露了重要信息的同类公司进行对比从而确定公司的内在价值，然后采用多种方法明确公司的估值范围。一般来说，常见的估值方法包括绝对估值法、相对估值法和其他估值方法。

◆绝对估值法

绝对估值法的特点是采用折现方法，主要包括红利贴现模型、股权自由现金流模型、公司自由现金流模型三种，如表3-1所示。

表 3-1　三种绝对估值法辨析

分类	红利贴现模型（DPS）	股权自由现金流模型（FCFE）	公司自由现金流模型（FCFF）
定义	DPS_t=每股预期红利	*FCFE*=净收益+折旧-资本性支出-营运资本追加额-债务本金偿还+新发行债务	*FCFF*=股权现金流+利息费用（1-税率）+本金归还-发行新债+优先股红利 *FCFF*=*EBIT*×（1-税率）+折旧-资本性支出-追加营运资本

续表

分类	红利贴现模型（DPS）	股权自由现金流模型（FCFE）	公司自由现金流模型（FCFF）
稳定增长模型（DPS/FCFE/FCFF）	适用于有稳定增长率的企业		
	$P0=\sum DPS_t/(1+r)^t$	$P0=\sum FCFE_t/(1+r)^t$	$P0=\sum FCFF_t/(1+WACC)^t$
两阶段红利贴现模型（DPS/FCFE）	适用于初始阶段增长率较高，随后增长率趋于平稳并预期保持不变的企业		
	$P0=\sum DPS_t/(1+r)^t+Pn/(1+r)^t$	$P0=\sum FCFE_t/(1+r)^t+Pn/(1+r)^t$	一般形式：$P0=\sum FCFF_t/(1+WACC)^t$
三阶段红利贴现模型（DPS/FCFE）	适用于初期超常增长、增长率下降过渡并最后稳定增长的企业		无
区别与联系	红利贴现模型是FCFE定义为发放的股息（红利）时的一种特殊情况	FCFE与DPS的不同，主要取决于各公司对于红利稳定性、未来投资需要、综合税收及考虑市场信号等各方面政策及考虑的不同而带来的差异	FCFF相较于FCFE的好处是不需要考虑与债务相关的现金流，在财务杠杆预期将随时间发生重大变化的情况下，能够节约时间

◆**相对估值法**

相对估值法主要采用乘数方法，使用起来比较方便，包括*P/E*（市盈率）估值法、*P/B*（市净率）估值法、*EV/EBITDA*（企业价值倍数）估值法、*PEG*（市盈率相对盈利增长比率）估值法、*P/S*（市销率）估值法、*EV/*销售收入估值法、*RNAV*（重估净资产）估值法等。

使用相对估值法时要将公司的*P/E*或者*P/B*等比率与整体市场、该公司所属行业及其他类似公司和股票的指标以及公司的历史数据均值进行比较，决定是否认同当前的*P/E*水平。*P/E*和*P/S*也是私募股权投资基金投资时，尤其是中后期项目投资时最常用的对比指标。也就是说，要根据市盈率偏高或偏低来判断该股票价格高估还是低估。下面以重资产型企业、轻资产型企业、互联网企业以及新兴行业和高科技企业为例，对相对估值法的使用进行说明。

（1）重资产型企业。

重资产型企业的典型代表就是传统制造业，前期需要在土地、厂房、设备等方面投入大量资金，短期内很难在利润方面有很好的表现，所以最好采用以净资产估值为主、以盈利估值为辅的估值方法。同时，由于私募股权投资领域较少关注以固定资产为主要估值基础的重资产型企业，因此其主要涉及的估值方法为针对中后期项目的P/E和P/S相对估值法。

（2）轻资产型企业。

轻资产型企业的典型代表就是服务业，前期不需要投入大量资产，即便需要购买一些设备，这些设备的价值也比较低。对于这些企业来说，盈利水平是最重要的，所以最好采用以市盈率估值为主，以净资产估值为辅的估值方法。

（3）互联网企业。

互联网企业一般没有固定资产，前期需要不断地在推广和营销方面投入费用，几乎没有产出，沉淀下来的主要是用户数量。对于互联网企业来说，用户数量是其日后能否产生巨大收益的前提，所以对这类企业进行估值主要考量用户数量、点击量、市场份额，以市销率估值法为主。

（4）新兴行业和高科技企业。

随着经济发展水平的不断提高以及新兴技术的日新月异，一批新兴行业逐渐崭露头角，具有代表性的新兴行业有新一代信息技术、生物、高端装备制造、新能源、新材料、节能环保等；高科技企业是依托某个细分领域的专利和技术而存在的，需要将技术转换为产品实现盈利，而这个转换过程耗时较长，前期投入巨大。因此，对于新兴行业和高科技企业来说，未来的发展前景比较重要。所以，这类企业估值主要考量市场份额，以市销率估值法为主。

◆其他估值方法

除绝对估值法和相对估值法外，还可以借鉴的一些其他估值方法如下：

（1）利用同行业可以类比的上市公司和最新交易结果进行投资乘数分析。

这种方法使用的是私募股权投资领域常用的利润表和发展预测报告。投资团队可以借助公司相关的财务资料等了解所需信息，然后通过阿斯瓦斯·达莫达兰

（Aswath Damodaran）编写的《估值：难点、解决方案及相关案例》获得所需资料，包括每个行业最新的估值乘数，以及根据公司所在国家及其他因素对乘数进行调整的指标。

（2）对公司的现金流进行预测，将未来现金流之和作为公司估值。

利用这种方法对投资项目进行估值的基础是公司的现金流量表和对未来的发展预测，投资团队要据此对公司未来几年的现金流、贴现率以及公司的增长率做出准确预测报告。因为贴现率及永续增长率需要从其他地方获取，所以这种估值方式的建模非常困难。如果对上市可比公司的分析可以再次使用，就需要对比率进行调整，这就为投资团队与投资项目管理团队讨价还价提供了一定的空间，还提供了一个可以与进入价格放在一起进行比较的最终价值，有利于明确投资项目未来的发展路径，并针对未来可能发生的不利情况提前做好应对准备。

（3）对公司资产进行估值，并确定重置成本。

这种方式需要用到公司的资产负债表，有利于投资团队对投资项目隐藏的价值或成本做出准确判断，如已经完全摊销但市场价值明显的不动产，已经过时但还没有完全摊销却必须升级的机器。不过，在实际的投资活动中，投资人只有在指标估算出来的价值大于固定资产时才会进行投资，因此这种估值方式往往会搭配其他估值方式使用。

目前，人们对处于亏损状态的初创公司或者已经宣告破产的公司进行估值面临很大的困难。因为处于亏损状态的初创公司还没有真正的经营业绩，投资团队无法对公司未来的发展做出精准预测，投资者需要了解的是管理层的执行能力以及企业所处行业的情况。同时，背景调查也非常重要，通过背景调查，投资者可以对被投企业管理层兑现预期的方法进行预判，但其不会为投资者对目标企业进行估值提供帮助。

在实际操作过程中，大多数潜在投资者会将这两种方法结合在一起使用。首先，投资者将聚焦5～7年内最有可能的退出场景，利用乘数估值方法对那个时点的公司进行估值，并对不确定性因素和时间因素进行折现，最终得出的就是基金管理人退出时的企业估值。其次，投资团队将这一估值与公司当前投资者要求的估值进行对比，并对公司未来的资金需求进行预判，从而稀释公司当前投资者持有的股份，公司融资时当前投资者对公司的估值与投资者退出时公司的预期估值之间的差值，就是潜在投资者的业绩。

（4）为了降低投资风险预先对公司估值，并将精力投放在公司治理方面。

这种估值方法适合用来对早期初创公司进行估值。由于初创公司的商业模式往往并未成熟，稳定的财务模型也并未成型，因此预先估值需要综合参考流量数据、公开渠道中同阶段创业项目融资额以及整体行业上市公司平均市销率/市盈率等，但无法套用已有的公式化估值模型。在这种估值方法下，投融资双方签署的股东协议以及初创公司发行的优先股中规定的各项权利都非常重要，最重要的是清算权，因为它对股东的退出时间、退出顺序以及特定类别股东的最低收益保证做出了具体规定。此外，反稀释条款也非常重要，这一条款可以防止当前股东的股份被稀释。

所谓反稀释条款，也称反摊薄条款，指的是在投融资双方之间签订的、为了保证私募股权投资人的股权不会因企业后续的融资或定向增发等活动而被稀释的条款。而且，基于反稀释条款的约定，为了不损害普通股东的利益，目标公司在后续的融资过程中只能以更高的价格进行融资。对于私募股权投资人而言，反稀释条款的签订可以保护其不因目标公司的降价融资而使投资被贬值甚至被“淘汰”出局。

在对破产公司进行估值时，必须对公司累积的亏损进行估值，因为其在公司亏损得到补偿之前是公司未来利润的一种税盾。基金管理人对破产公司进行估值需要综合考量很多因素，包括公司的资本需求、重组成本、业务恢复时间、获得利润需要的时间。

通过初步估值可以对投融资双方的预期是否接近做出初步判断。如果双方的预期存在较大差距，也就失去了谈判调和的必要。此外，估值区间还可以帮助中介机构筛选潜在基金管理人，确定意向对项目做出投资的基金管理人名单，为项目方设置一段时间的排他期。在这个时间段内，投融资双方可以围绕投资事项进行深入、高效的直接沟通。

中介机构或者融资企业选择基金管理人需要综合评估基金管理人的各项能力，如配合尽职调查的能力、搭建交易架构的能力、成功执行交易的能力等。融资企业在选择基金管理人时非常谨慎，因为其目的不只是获得资金，而是利用资金实现健康发展，因此非常注重基金管理人的声誉，以免基金管理人的不良声誉或其管理基金的资本形态影响到自身发展，如前面提到的信托型私募股权投资基金。对于Pre-IPO并且有上市规划的企业来说，就必须要规避这类基金管理人类型，不然一定会影响券商的上市审核工作，最终还是需要清退这类股东。另外，还要考虑对股东结构要求比较高等因素，如基金穿透后发现有海外资金，也许就不适合参与投资一些国产替代甚至军民融合的项目。除此之外，融资企业也非常注重交易条款，尤其是与资金支付有关的条款，如分期付款还是一次性付款，现金支付还是提供资源支持等。同时，基金管理人是否及如何参与公司治理也非常重要。

借助这种粗略的估值区间计算方法，潜在投资者可以大致计算出资本退出时能够获得的利润。在具体实践中，基金管理人往往会根据自己掌握的信息，利用自己认为科学的方法重新计算公司估值。基金管理人确定投资之后，往往会执行价值创造方案，提高被投企业的估值。投资公司将投资企业时的企业估值与退出时的企业估值进行对比，中间的差值就是业绩。投资公司能否从这个业绩中获得回报，还取决于公司发展的不确定性及其应对投资风险的水平。公司的发展时间越短，面临的不确定性因素越多，公司估值面临的困难也就越多。在某些情况下，基金管理人会为不同场景下的结果分配不同的概率，形成概率树形图，整个树形图的计算结果可以帮助投资公司确定被投企业的估值。

总之，融资估值谈判要协商三大内容，分别是企业估值、投资额与持股比例。基金管理人投资一家企业，当然希望被投企业能够快速发展、倍速成长，但企业实际发展情况难以预测。因此，为了更准确地评估企业未来的发展空间，基金管理人要构建一系列财务模型并预测相关数据。其实，在融资谈判过程中，最终成交的估值数字不是计算出来的，而是谈出来的。基金管理人常用确定企业估值的方法是将同行业上市公司的市盈率或市销率打个流动性折扣。

近年来，随着移动互联网、物联网企业崛起，传统企业向互联网方向转型，企业估值可以遵循这样的逻辑：净利润（E）=收入（S）-成本费用=用户数（MAU）×单用户贡献（ARPU）-成本费用。如果创业企业没有净利润，可以根据收入进行企业估值；如果企业没有收入，可以根据用户数进行估值。无论基金管理人在投资阶段看中的是什么，最终都希望将流量转化为收入，将收入转化为利润。随着企业发展速度不断加快，一级市场的估值会逐渐向二级市场靠拢，最终基金管理人还是要以盈利指标为核心对企业进行估值。从这个层面来看，不同阶段的估值方式其实是殊途同归。

其实，对企业进行估值并非易事，有很多事项需要注意，比如：

- 明确企业估值是投资前的估值还是投资后的估值，如果企业融资100万元，融资前的估值为400万元，那么投资人的持股比例就是20%；如果融资后的估值为400万元，那么投资人的持股比例就是25%。
- 明确员工期权是否包括在投资估值中。如果员工期权包括在投资估值中，投资人的股权不会被稀释，创始人的股权会相应减少。假设投资人持股20%，公司预留的员工期权为10%，创始团队持股70%。如果员工期权不包括在投资估值中，那么投资人持股20%，创始团队持股80%。在为员工分配股权时，双方要按照一定的比例稀释股权，最终就会变成投资人持股18%，创始团队持股72%，员工持股10%。

3.1.3 Step 3：尽职调查

一旦投融资双方对公司或资产的决定性特征、价格范围与被投企业的主要治理机制没有异议，投资者就可以对被投企业开展尽职调查。

在这个阶段，投资者要对被投企业的业务与交易进行全面调查。随着尽职调查的不断推进，投资者在与被投企业谈判时会提出在尽职调查过程中发现的问题，并说明这些问题对交易条款的影响。尽职调查结束后，投资者基本可以明确企业估值，这个数字基本可以反映公司或资产的实际情况。当然，这一系列完整而全面的操作，仍然只适用于中后期创业企业，即财务及商业模型、市场定位都基本成形并已复制出特定路线的企业。对于初创企业来说，这样的尽职调查并不会对企业实际估值起到太大的作用。

因此，在整个投资过程中，尽职调查是需要投资者投入时间与精力最多的一个环节，往往需要耗费几个月的时间。在这个过程中，投资者与被投企业都将努力减少可能对投资造成不良影响的不确定性因素，尽可能对公司做出全面了解，然后根据尽职调查结果确定公司的最终估值。

总而言之，尽职调查非常烦琐，不仅要对公司或资产目前的状态进行核查，而且要制定增值计划，确保投资完成后被投企业的收益增加，保证投资者的资产增值。投资者通过尽职调查可以对被投企业做出深入了解，提前制定行动计划，对投资过程中可能遇到的问题做出准确预判，对投资完成后要实施的各项措施做出具体说明，并做好监控指标设计。投资者之所以要提前行动，主要是因为用于衡量基金管理者的业绩指标中包含一些时间敏感性指标，如内部收益率。计划启动与执行时间推迟会导致内部收益率降低，进而影响基金管理者的业绩。为了实现利益最大化，基金管理者更倾向于提前实施计划。

3.1.4 Step4：融资谈判

股权融资作为企业的一种重要融资方式，在现代企业发展过程中扮演的角色越发关键，股权融资在为企业生存发展提供资金支持的同时，也存在一定的风险。融资企业想要规避这些风险，需要和投资方进行多次谈判，那么，企业融资谈判时有哪些条款需要格外关注呢?

◆公司估值：估值区间的合理化

在融资谈判之前，投资机构首先要明确被投企业的价值区间。企业估值可以使用的方法有很多，前面已经做了详细论述。这里要强调的是估值需要结合公司未来的发展前景、投资人的利益诉求及风险偏好等。部分公司股权比较分散，创始人团队是单一最大股东，但未实现绝对控股，如果估值较低，实施股权融资会大幅稀释创始人团队手中的股权，导致股权激励效果被削弱，影响其工作积极性。当然，估值过高，会导致投资方的投资意愿降低，增加融资难度，那些急缺现金的企业可能会因此遭受重大损失甚至破产。

想要解决估值问题，需要充分了解创始团队及现有股东对公司估值的心理预期，也就是估值区间，同时还应该参考市场中类似企业的估值情况。创始团队及现有股东对公司估值高于投资方估值是一件很正常的事情，当遇到这种情况时，企业创始团队不必灰心，要和投资方沟通交流，找到一种双方都能接受的估值方式。

基于融资后公司价值设置员工持股计划（Employee Stock Ownership Plan，ESOP），让投资方和现有股东共同提供ESOP所需股权，分担后者的股权稀释压力，是解决公司创始团队及现有股东估值高于投资方估值问题的有效途径。

◆团队期权计划及创始人股份的行权

以某公司和具有美资背景的私募股权投资基金进行融资谈判为例，在团队期权计划及创始人股份行权条款方面，该私募股权投资基金想要采用硅谷通用的基于创始人股权设置行权计划的做法，这种做法虽然不会影响创始人投票权等各种权利，但当创始人在公司工作时间未能达到行权计划要求时，将会失去剩余的部分股权。管理层股权也采用类似方式，参与股权激励计划的管理者每隔几年增加一定比例的股权，以便留住优秀人才。

然而公司创始人对这种做法表示质疑，因为在他们看来，他们已经拥有了公司的股权，创始人及管理层都应该一次性得到股权，而不是新股东加入后分批获得。

作为投资方的私募股权投资基金采用这种做法的理由是，这家公司作为一家成立半年的初创公司，1亿元的估值已经高于市场平均水平，基金看中的是公司的创始人及管理团队，所以想要尽可能地留住他们，使其在行权计划内创造更多价值。而行权计划并不会影响创始人及管理团队的相关权利，如果创始人及管理团队对公司未来发展有信心，这种做法根本不会损害他们的利益。

最终为解决问题，双方各退一步，虽然对创始人及管理团队实施行权计划，但行权计划时长缩短，也就是行权计划时间提前，并缩短行权计划周期，在展现出创始人及管理团队对公司未来发展信心的同时，也体现了投资方对公司的认可以及对创始人及管理团队的信任。

◆期权设置的玄机

估值分投资前估值和投资后估值，如果投资方给出的投资后估值为500万美元，投资额100万美元可获得的股份应该是20%，则公司的投资前估值为400万美元。此时，如果投资方让公司提供10%的股权（价值50万美元）作为员工激励期权，且约定员工期权计入投资估值当中，那么，仅现有股东的股权被稀释，投资人的股权不受影响，这对原（创）始股东而言是不公平的，在融资谈判时应该予以明确；如果员工期权不计入投资估值，在为员工分配股权时，投资人与原始股东都要按照一定的比例稀释股权。

此外，如果公司在尚未进行下一轮融资前被收购兼并，则没有授予的期权将失效。例如，前述10%的员工激励期权中，团队只完成了5%的期权授予，另有5%的期权没有授予管理团队，此时公司就被收购了，那么剩余5%的股权将按照股东持股比例进行分配，公司原始股东将获得4%，投资方将获得1%，最终公司的股权结构将变成参与激励计划的管理团队占比为5%、投资人占比为21%、原始股东占比为84%。

3.1.5　Step 5：结构设计

投资模式的性质不同，财务结构的复杂性也会存在较大差异。创业投资的目的是获取初创公司少部分股权，看似简单，但需要借助正式的法律语言来实现，并且需要为员工安排激励工具。由于初创公司在发展过程中面临的风险较大，所以股东协议可能会对投资者拥有的治理权做出全面且详细的规定，包括：面向投资者退出事宜的共同出售权和随售权等标准条款；高管聘用、开支计划及加薪等对特定管理决策的否决权；约定退出时间表的退出条款。

无论采用哪种结构，只要员工达到甚至超越公司预先设定的目标，都可以让投资者获得最大化的利益。在私募股权投资基金运作的过程中，由于企业的管理层在投融资过程中扮演着非常重要的角色，因此为了保证利益的一致性，可以先对一部分利润进行分配，以提高目标实现的可能性。

如果管理层没有实现预期目标，可以设立股票期权计划为投资者做出一定的补偿。如果是创业公司，管理层通常是创始人，所持股份占比较高。如果初创公司的表现达不到预期，投资者支付的股价偏高，可以要求获得新股作为补偿，这种方式可能会稀释创始人的股权。

从理论层面来看，基金管理人对被投企业的财务事项参与得越多，基金管理人就越能有效地对公司的管理层进行管控。在控股型杠杆收购的过程中，投资公司一般只能在被投企业的董事会中获得很少的席位。如果被投企业是创业公司，基金管理人一般会要求公司提供定期报告（包括月报、季报、半年报、年报），实时了解被投企业的业务计划、董事会席位以及重要股东权利等方面的调整，从而快速做出反应。

总而言之，投资结构反映的是谈判结果，终极目标是保证资本以最佳方式进入和退出。无论什么类型的投资都会设置股东退出条款。基金管理人持有的股份越少，对股权出售条款的关注度就越高。在基金管理人的要求下，股东协议可能涵盖基于财务、时间或其他标准的强制性出售条款，确保基金退出渠道有效。即便公司管理层可以按照既定价格收购基金管理人持有的股份，也必须按照股东协议的规定进行。

3.1.6 Step 6：投融交易

◆签署投资协议，约定权利和义务

投资协议的条款，应该包括经济性条款和控制性条款，核心条款的设计要点在后文中会进一步详细介绍。

（1）经济性条款。

投资协议中的经济性条款，应该包括关注资金安全及投资回报的条款和关注资金退出的条款。

关注资金安全和投资回报的条款，主要包括估值条款、对赌协议和反稀释条款。其中，估值条款的示范条款、作用以及分类如下所示：

- 示范条款：投资金额3000万元，获得交割后12%的股权；
- 作用：规定了投资者最为看重的控制权和收益权；
- 分类：投前和投后估值；投后估值=投前估值+本轮投资额。

对赌协议的示范条款、定义和作用如下所示：

- 示范条款：目标公司和原（创）始股东承诺公司2014年度经审计的净利润不低于1000万元。如果低于此业绩承诺，则视为目标公司未完成经营指标，各方同意以2014年度经审计的实际净利润为基础，按照约定市盈率重新调整本次交易的投资估值，调整后投资者有权选择：（1）被投企业所有股东所持有的股权比例保持不变，公司以现金方式一次性退还相应多付的投资款；（2）按照重新调整后估值，重新计算原投资款应持有的公司股权比例，增加部分由创始股东无偿转让。

● 定义：一种估值调整机制。

● 作用：保护投资者利益，即在一定期限内企业未完成一定指标，投资者可获得一定补偿。

反稀释条款在前文曾有提及，其示范条款、定义及作用如下所示：

● 示范条款：公司在首次公开发行股票并上市前拟增加注册资本，且对应的认购价格低于投资者根据本协议对应的认购价格，投资者有权要求创始股东无偿（或以象征性价格）转让一定比例的公司股权，以反映公司的新估值。在该调整完成前，公司不得增发新的股权类证券。除非股权增发属于：（1）ESOP股权；（2）行使既有期权或购买权；（3）因兼并、收购、重组和类似交易而发行的用于代替现金支付的股份。

● 定义：反摊薄条款/价格。

● 作用：适用于后轮融资为降价融资时，用于保护前轮投资者利益的条款。

关注资金退出的条款主要包括回购条款和优先清算条款。其中，回购条款的示范条款、定义、作用和触发条件分类具体如下：

● 示范条款：投资金额3000万元人民币，若发生本协议所列之任一触发回购情形，投资者有权向任一创始私募股东要求其按约定公式计算出的股权回售价款购买投资者持有的公司股权。创始股东应在收到出售通知后90日内，无条件地购买标的股权并支付全部股权回购价款。

● 定义：满足协议约定的特定触发条件时，私募股权投资基金有权将其持有的目标公司股权以约定价格卖给目标公司创始股东或创始股东指定的其他相关利益方。

● 作用：保障私募股权投资基金的投资具有一定流动性，并得以获得畅通退出渠道的重要手段。

● 触发条件分类：业绩/非业绩。

优先清算条款的示范条款、定义、作用和分类具体如下：

● 示范条款：若发生清算事件，投资者可优先于其他股权的持有人获得相当于投资金额加上任何宣布而未派发的红利（“优先额”）。在优先额得到全面偿付之后，公司的全部剩余资产或公司或其股东所获的款项按照股权比例，派发给全体股权持有人。

● 定义：在公司发生“清算事件”时，享有优先清算权的股东有优先于公司其他股东获得清算收益的权利。

● 作用：保障投资者权益。

● 分类：包括不参与分配优先清算权、完全参与分配优先清算权和附上限参与分配优先清算权，如图3–2所示。

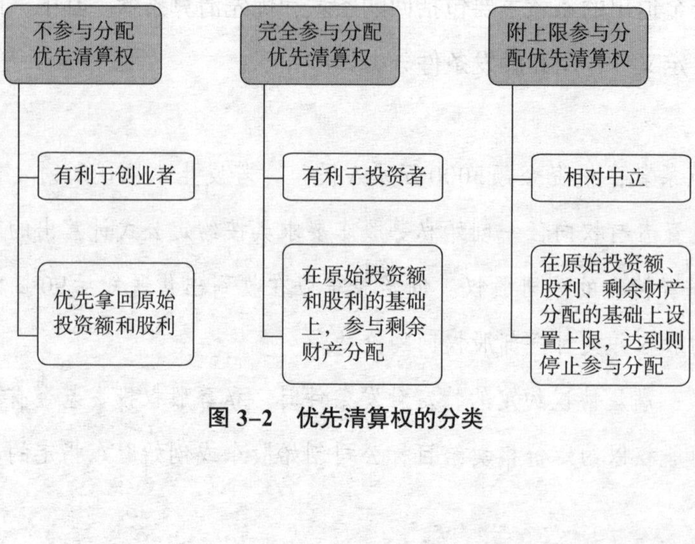

图3–2 优先清算权的分类

（2）控制性条款：对经济性条款起辅助作用的条款。

投资协议中的控制性条款即对经济性条款起辅助作用的条款，主要包括委派董事/监事条款、一票否决权条款和检查权条款。

委派董事/监事条款的示范条款和作用具体如下：

- 示范条款：董事会会议的有效出席人数应为至少包括投资者董事在内的三名董事。需在董事会会议上通过的决议，如果全体董事以轮流书面批准同意该决议的方式一致同意，则可在不召开董事会会议的情况下予以通过。每一位董事应确保其签署的书面表决意见及时送达会议通知中指定的地点。未达到有效出席人数要求的董事会会议所做出的决议无效。
- 作用：投资者阶段性地参与目标公司治理，为了获得更好的退出收益。

一票否决权条款的示范条款、条款所属以及作用具体如下：

- 示范条款：自增资登记日起，公司股东会为公司最高权力机构，行使相应职权，如修改公司章程等。股东会会议对以上事项所作决议，须由代表2/3以上表决权且包括占公司股份比例不低于10%的投资者在内的股东表决同意通过后方为有效，其他事项由代表2/3以上表决权的股东表决同意通过后方为有效。
- 条款所属：一票否决权可以体现在股东会条款中，也可以体现在董事会条款中。
- 作用：条款为投资者赋予了特定事项的一票否决权。

检查权条款的示范条款、作用及内容具体如下：

- 示范条款：各方应促使公司允许包括投资者在内的股东在提前3个工作日

发出通知的前提下，在正常合理时间内访问和检查公司的财产，检查公司及其控制的企业的会计账簿和记录，与公司的管理人员、董事和审计师、财务顾问、律师讨论公司的事务、财务和账目；投资者同意，检查权的行使不得影响公司的正常运营。

- 作用：投资者了解公司真实经营情况的重要途径。
- 内容：对于检查权，各方博弈的焦点在于检查权的范围，即有权查什么。

◆投融交易的达成与取消

在投资协议正式生效后，投资者的资金将被划转至被投资者账户——私募股权投资基金管理人将约定的投资款项按约定的时间和金额划转至被投资企业或其股东的账户，若私募股权投资基金办理了托管，划款操作需经托管人核准并办理。

不过，只有在投融资双方都满意的情况下交易才能达成。而在现实生活中，交易被取消的情况经常发生，因为在投融资双方协商过程中可能发生一些事件导致交易无法如期完成。

对于基金管理人来说，交易取消会造成巨大的资金浪费，因为其在前期初步分析、初始估值、尽职调查等环节投入的资金无法收回。为了能够按计划达成交易，基金管理人往往倾向于尽快围绕排他性条款进行谈判。

3.1.7 Step 7：监管与退出

在投资过程中，监管与退出是最后一个流程，因为退出决定了基金管理人在此次投资中能够获得的业绩。在投资过程中，投融资双方围绕投资事项协商一个有吸引力的价格非常重要，做好被投企业的管理、选择一个合适的退出时机同样重要。

战略收购者或者能够提供良好退出路径的投资银行，会定期接触发展前景广阔的公司或者资产，但很难对这些公司或资产的估值水平、产业周期的演变以及金融市场的变化做出准确预测。一些基金管理人会聘请专家对这些项目进行监管，由专家出具专业的报告，甚至还会聘请上市或者并购方面的专家，打造标准化的退出流程。于是，越来越多的基金管理人开始与当地的咨询机构密切合作，对经济周期进行预测，对投资时机进行把控，对投资组合公司的出售价格进行调控，从而实现成功退出，并在这个过程中积累丰富的经验。

从更广泛的层面来看，基金管理人不仅拥有投资过程中需要的大部分资源，还拥有沟通、咨询、战略分析等方面的能力，是综合型、全能型投资者。有些基金管理人还开展咨询服务，承担了咨询机构的职责。知名的黑石集团就是如此，其目前已经发展为一家资产管理集团，在行业的地位以及管理的资产规模已经具备了商业银行或者投资银行的属性。

3.2 核心条款设计要点

3.2.1 交易结构条款

经过前期的多番协商与谈判，基金管理人与融资企业要进入一个关键环节——设计投资条款、敲定投资协议，形成具有契约关系的法律文件。基金管理人对企业投资时往往是高倍溢价注资，持股比例比较小，但权益比较大。在投资期间，基金管理人的相关权益需要投资协议中的关键条款进行维护。因为融资企业成功融资之后，资金缺口带来的一系列问题迎刃而解，基金管理人的重要性大幅下降。在这种情况下，基金管理人在投资入账时不得不面临一系列问题，包括高溢价、低流动性、高风险、信息不对称等。

不同的基金管理人在设计投资协议时的侧重点不同，但转化为协议条款的内容却大同小异，基本围绕企业所有权、控制权等进行，主要包括以下8个方面的内容，即交易结构条款、先决条件条款、承诺与保证条款、公司治理条款、反稀释条款、估值调整条款、出售权条款、优先清算权条款。在前文中我们大体介绍了投资协议中的条款类型，接下来我们从这8个方面进行详细介绍。下面我们首先分析交易结构的条款设计。

交易结构也称为交易形式，主要包括投资方式、投资价格、交割安排、权益安排、款项用途等多项内容。企业股权融资一般通过股权稀释的方式来完成，具体包括两种方式：第一种是直接向公司账户打款的增资扩股；第二种是向老股东账户打款的老股转让。在实际操作过程中，A轮之前的股权融资主要以增资扩股为主，A轮之后的股权融资通常会同时采用增资扩股和股权转让两种方式。

投资方式有三种：第一种认购被投企业新增加的注册资本，也就是增资扩股；第二种受让原始股东持有的被投企业股权，也就是股权转让；第三种向被投企业提供借款，也就是可转债。对比这三种投资方式，增资扩股是通过增加企业注册资本的方式改变企业的股权结构，在这种投资方式中，企业原始股东可以享有优先认购权，当原始股东放弃优先认购时，其他第三人也可以认购该新增股份并获得股东身份；股权转让是企业股东依法将拥有的部分或全部股份有偿转让给他人而改变企业的股权结构，在这种投资方式中，企业的注册资本并未发生改变；债转股是将债权人对企业的债权转化为企业注册资本，从而成为企业股东而改变企业的股权结构，在这种投资方式中，企业的注册资本增加。

在某些情况下，基金管理人会同时采取两种或多种投资方式。确定了投资方式之后，投融资双方还要在投资协议中明确股权价格、数量、占比、支付方式、股权登记或交割程序、期限、责任等内容。

另外，在私募股权投资活动中，与交易结构相关的条款的设计也需要结合投资公司自身的一些要求，如国企LP的投资额限制、海外投资公司参股的基金公司、税收筹划问题以及一些细分领域的政策需求等，基于这些因素考虑是直投还是通过一些SPV主体做一些复杂的结构设计。

但需要注意的是，从中国证券投资基金业协会监管的层面来看，一般超过三层的结构设计就会被认定为复杂结构，需要做出合理性解释，加之目前IPO上市还需要穿透到自然人层，这些因素都需要基金管理人在设计交易结构条款时加以考量。

3.2.2 先决条件条款

先决条件条款指的是基金管理人与融资企业签署投资协议时，对未决事项或者可能发生变化的事项进行提前约定。

因为在签订投资协议时，被投企业及原始股东可能存在一些还没有落实的事项，存在一些可能变化的因素，或者在尽职调查过程中隐瞒一些信息，导致投融资双方信息不对称。基金管理人为了维护自身利益，一般会在投资协议中约定相关方落实相关事项，对可能发生变化的因素进行控制，这些就构成了先决条件。

一般来说，先决条件包括但不限于以下四种，如表3–2所示。

表3–2 先决条件

序号	具体内容
1	投资协议及与本次投资有关的法律文件都已经签署并生效
2	被投企业已经获得所有必要的批准与授权，包括内部的董事会与股东会、第三方、政府机构等；全体股东已经了解投资协议对其权利与义务做出的规定，并且没有异议，同意放弃相关优先权利
3	基金管理人完成了对被投企业业务、财务、法务等事项的尽职调查，确认此次投融资符合法律法规、交易惯例或投资方的其他要求；尽职调查发现的问题得到了妥善解决
4	被投企业及股东未曾披露或预料到的可能对本次交易造成影响的其他事项，包括未决诉讼说明、在尽调期间提出的问题没有得到明确答复或数据支持的、项目方承诺过的业务订单未完成签署的

在投资协议中，先决条件条款基本是程式化的描述，其主要目的在于规避信息不对称带来的潜在风险。

3.2.3 承诺与保证条款

对于尽职调查中没有取得客观证据的事项，或者从签署投资协议到投资完成这段时间内可能出现的妨碍交易或者可能对投资方的利益造成损害的情形，通常会在投资协议中由被投企业及其原始股东做出承诺，包括但不限于以下六条，如表3–3所示。

表 3–3 承诺与保证条款

序号	具体内容
1	被投企业依法成立，公司原始股东为拥有合法身份的自然人，具有完全的民事行为能力，依法获得了业务开展需要的营业执照或许可
2	各方签署、履行投资协议不会违反法律规定、行业准则、公司章程以及被投企业曾经签署的其他法律文件
3	从签署投资协议到完成投资这段时间内，原始股东不能转让自己手中的公司股权或设置其他权利负担
4	从签署投资协议到完成投资这段时间内，被投企业不能进行利润分配或者利用资本公积转增股本变更公司股权结构；被投企业的任何资产都没有设置抵押、质押、留置、司法冻结或其他权利负担；被投企业不曾以任何方式对主要资产进行处置，也没有任何重大债务；被投企业的经营情况或者财务状况没有发生重大不利变化
5	被投企业及原始股东向基金管理人提供与本次交易有关的信息与资料，所有信息与资料全部真实，没有遗漏；对于投资交割之前未披露的债务、税收等全部由原始股东承担
6	自投资协议签订之日起，投资协议中所有的声明、承诺、保证均真实有效

在融资谈判过程中，关于承诺与保证条款，被投企业与基金管理人往往存在比较大的分歧。虽然很多内容约定在过渡期内，但在实际投资过程中，有很多历史遗留问题需要解决。不过，初创企业基本不存在业务历史问题，在商谈承诺与保证条款时，只要规范公司财务并打印创始人征信记录即可。但对于处在高速发展阶段的企业来说，因为创始人经验不足，可能会对公司资产或者个人资产进行抵押，或者进行股权质押。如果融资企业存在这种情况，在融资谈判时很容易与基金管理人出现分歧。

另外，还有一些企业会设立关联公司，内部业务相互交叉，税收统筹不规范，很容易引发重大影响事件，需要进行调整与整合。如果融资企业没有提前做好规范，其在投资企业心目中的印象就会大打折扣，给接下来的谈判造成很大障碍。

3.2.4 公司治理条款

公司治理条款是关于公司如何高效运转的一系列制度安排，明确了各个股东的权力与责任，主要体现在4个层面，分别是股东大会、董事会、监事会、核心高层管理，简称为“三会一层”。简单来说，股东大会主要负责股东利益，董事会主要负责重大决策，监事会主要负责对各部门人员的日常工作行为进行监督，核心高层管理主要负责业务执行。

其中，股东大会可以代表全体股东的意志行使所有权。基金管理人可以与公司原始股东协商，约定公司治理原则与措施，对公司原始股东的行为进行约束、规范。例如，董事、监事、高级管理人员的提名权，分红方式，禁止同业竞争，限制关联交易，保护基金管理人的知情权，股东大会、董事会的权限和议事规则，关键人员的竞业限制等，具体如表3-4所示。

表 3-4　公司治理条款的三大内容

主要条款	具体内容
一票否决权条款	基金管理人向被投企业指派一名或多名人员担任董事或监事，有时还会安排1～2名观察员，观察员没有投票权，但他们的意见可能影响对被投企业的决策。某些情况下，基金管理人还会向被投企业指派财务总监，财务总监对大额资金的分配与使用、公司股权或组织架构的变动、公司资产的处置、债务等享有一票否决权，保证企业资金合理使用，保证企业规范运行。在融资谈判过程中，融资企业与基金管理人可以就这些事项进行详细谈判，以便后期规范执行
优先分红权条款	根据《公司法》的相关规定：股东按照实际出资比例分取红利，但是如果全体股东约定不按照实际出资比例分取红利或者不按照出资比例优先认缴出资，则按照公司的约定执行；对于公司弥补亏损、提取公积金后剩余的税后利润，股份有限公司要按照股东持股比例进行分配，如果公司章程有其他规定，则按照公司章程执行。由此可知，基金管理人为了维护己方利益，可以约定不按持股比例分取红利，可以让己方的分红比例高于持股比例。在实际投融资过程中，这项条款使用非常普遍，尤其是政府引导基金投资。如果投资项目比较好，基金管理人通过分红就能收回投资成本。在企业上市之前，为了进一步规范运营，一般会取消这项条款

续表

主要条款	具体内容
信息披露条款	一般情况下，基金管理人完成投资之后，持股比例不会很高。作为被投企业的小股东，为了维护自己的知情权，基金管理人一般会在投资协议中约定信息披露条款。其实，这项条款执行起来非常简单，但总会因为创始人团队没有形成定时汇报、例外汇报等机制，导致基金管理人无法及时获取企业运营信息，导致双方产生误解与摩擦

3.2.5 反稀释条款

融资企业完成一轮融资之后，可能还要进行融资。前文提到基金管理人为了防止自己的股权被稀释，一般会在投资协议中约定反稀释条款，如优先认购权等。

所谓优先认购权，即从签署投资协议到挂牌上市，被投企业如果以增加注册资本的方式引入新的投资者，要在召开股东大会之前通知本轮基金管理人，并说明增发股权的数量、价格以及拟认购方。本轮投资方有权按照其在被投企业的持股比例，以相同的条件认购相应份额的新增股权。

实际上，这项条款属于投资协议的标配条款，但在实际签署的过程中，可能会在计算公式与补偿金额方面出现一定的差异。无论是对基金管理人还是被投企业，这项条款都可以很好地维护他们的权益。对于最低价条款，投融资双方可以进行弹性协商，以应对将来可能发生的各种情况。

3.2.6 估值调整条款

估值调整条款又称对赌条款，指的是被投企业的控股股东围绕业绩、上市等因素对基金管理人做出承诺。如果没有在约定期限内完成承诺，或者出现其他对企业估值造成影响的因素，基金管理人有权调整投资价格或者提前退出。具体来看，估值调整条款主要包括以下两大内容，如表3-5所示。

表 3–5　估值调整条款的两大内容

主要条款	具体内容
现金补偿或股权补偿	如果被投企业的实际经营指标没有达到承诺的经营指标，那么被投企业的控股股东要向基金管理人进行现金补偿，补偿金额 =（1– 年度实际经营指标 ÷ 年度保证经营指标）× 投资方的实际投资金额 – 投资方持有股权期间已获得的现金分红和现金补偿，或者向基金管理人补偿等额的公司股权。股权补偿容易导致公司股权发生变化，影响股权结构的稳定性。如果企业要挂牌上市，股权补偿条款无法通过监管机构的审核，在股改合规阶段会约定作废
回购请求权	如果被投企业没能在约定时间内完成承诺，投资方有权要求被投企业的控股股东或其他股东购买其持有的公司股权，从而退出公司；也可以约定溢价购买，溢价部分用于弥补基金管理人的损失。如果基金管理人与被投企业签署该条款，一旦被投企业没有按时完成承诺，控股股东回购股权，可能导致公司的注册资本减少。该条款整个操作程序比较复杂，不建议使用

根据最高人民法院的司法判例，投融资双方签订的对赌条款是签署方处置各自财产的行为，司法判定该条款有效；如果投融资双方签订的对赌条款处置的是被投企业的资产，可能对其他股东、债权人的利益造成损害，或者导致股权不稳定，或者存在潜在争议，司法会判定该条款无效。因此，在对赌协议中，无论是现金补偿还是股权回购，基金管理人都应该与被投企业签署协议，并向其主张权利。并且，按照规定，所有对赌条款在上市核查时都必须去除，以免引起法律纠纷。

在投资协议中，这些条款属于标配，是根据相关法律法规制定的保护与激励约束机制。一般来说，在A轮之前，投融资双方就可以围绕这些事项进行谈判。因为在A轮之前，企业处于高速发展阶段，被投企业的控股股东或其他股东无力回购股权，但基本都会约定业绩激励股权对赌模式。如果被投企业没能在约定时间内完成业绩日标，那么整个项目就要被收购。A轮融资之后，估值调整条款就变成了投资协议的标配，几乎没有回旋的余地，可以商定的部分只有回购金额、回购利率、单利还是复利等。

更多时候，只有在投融资双方就企业估值问题僵持不下时才会配置这项条款。企业创始人在融资时往往希望获得一个较高的估值，甚至为了高估值会放弃很多其他权益。其实，对于企业来说这是一种变相的透支。估值过高，就会导致基金管理人对企业未来发展抱有更高的期望，制定一些更严苛的条款，要么双赢，要么双输。

3.2.7 出售权条款

大部分投资者投资是为了追求回报，并在合适的时间点及时退出，以争取实现利益最大化。如果被投企业的投资价值下降，基金管理人为了提前退出，可以在投资协议中约定出售股权的保护性条款，包括但不限于：

- 随售权/共同出售权条款：如果被投企业的控股股东准备将所有股权或者部分股权转让给第三方，那么基金管理人有权在同等条件下，在控股股东之前将自己持有的被投企业的股权转让给拟购买待售股权的第三方。
- 拖售权/强制出售权条款：如果在约定期限内，被投企业没有完成承诺，或者触发了其他约定条件，那么基金管理人有权强制被投企业的原始股东按照基金管理人与第三方达成的转让价格与条件，和基金管理人一起向第三方转让股份。

很多创业者对公司有特殊的情感，将其视作自己的孩子一般，没有将其卖给他人的计划。在这种情况下，他们可能会对拖售权产生怀疑，担心这是投资方联合竞争者对公司进行恶意收购的伎俩，不会轻易授予投资方跟卖权。

在这种情况下，想要解决这一问题，就需要设置拖售权限制条件，虽然公司授予投资人拖售权，但为了保护创业团队的利益，当投资方想要联合竞争对手进行恶意收购时，就要向创业团队支付数倍赔偿。

3.2.8 优先清算权条款

如果被投企业经营失败，进入破产清算阶段，一旦基金管理人没能及时退出，可以通过优先清算权条款减少损失。

根据《公司法》第一百八十六条的规定，“公司财产在分别支付清算费用、职工的工资、社会保险费用和法定补偿金，缴纳所欠税款，清偿公司债务后的剩余财产，有限责任公司按照股东的出资比例分配，股份有限公司按照股东持有的股份比例分配”。也就是说,《公司法》严禁股东超出出资比例分取清算剩余财产。

虽然如此，但股东之间可以约定再分配补偿机制。例如，投融资双方可以在投资协议中约定：如果被投企业经营失败，进入破产清算环节，被投企业按照《公司法》的规定向基金管理人分配剩余财产后，如果财产分配数额低于基金管理人的实际投资金额，被投企业的控股股东要无条件补足。当然，投融资双方也可以约定溢价补足，溢价部分用于弥补基金管理人的资金成本或基础收益。

在具体实践中，一旦被投企业进入破产清算，即便投资者将被投企业所有剩余资产收入囊中，相较于其投入的资源与资本来说也得不偿失。

3.3　投资风险控制策略

3.3.1　私募股权投资基金的风险

私募股权投资基金的投资周期比较长，资金流动性比较差，再加上相关的法律法规不健全，监管机制、退出机制不完善，委托代理成本比较高，企业价值评估具有很大的不确定性，导致投资风险比较高。为了规避投资风险，投资者在投资前要先了解私募股权投资基金风险的具体类型，从而制定风险管理策略。

具体来看，私募股权投资基金的风险主要包括以下几类。

◆价值评估带来的风险

在私募股权投资过程中，投资方在被投企业中的股权占比在很大程度上取决于对被投资项目的估值，估值过高会导致投资收益率下降。但由于私募股权投资基金的流动性较差、现金流入与流出的不确定性较强、投资成本高，再加上未来市场、技术、管理等领域存在很大的不确定性，导致价值评估存在很大风险，这些风险成为私募股权投资基金风险的直接来源。

◆知识产权方面存在的风险

对于科技型企业来说，了解知识产权方面的风险并进行有效防范意义重大。私募股权投资，尤其是创业风险投资要将关注点放在被投企业的核心技术领域。如果被投企业对核心技术的所有权存在争议，会影响风险资本的进入，甚至有可能承担违约责任或者缔约过失责任。为了规避这一风险，企业要聘请专业人士对知识产权风险进行评估，并确认知识产权的归属，如归属于个人，需确认该成员在团队中的股权比例或与公司签署的合同情况，以明确核心知识产权的归属。

◆委托代理带来的风险

私募股权投资基金有两层委托代理关系：一是基金管理人与投资者之间的委托代理关系；二是私募股权投资基金与企业之间的委托代理关系。

第一层委托代理风险产生的原因，主要是与私募股权投资基金有关的法律法规不完善，信息披露要求较低，可能有一些基金管理人违规操作、过度交易，侵害投资者的利益，从而引发风险。

第二层委托代理风险主要是“道德风险”，产生原因主要是投融资双方信息不对称，投资者与被投企业利益不一致，从而引发“道德风险”，导致投资者的利益受损。为了规避这一风险，投资者可以在专业人士的帮助下制定投融资合同，对投融资双方的权利、义务进行明确，具体内容包括投资工具的选择、投资企业董事会席位的分配、投资阶段的安排等。

◆退出过程中的风险

我国境内主板市场对企业上市要求比较高，对上市公司的总股本、发起人认购的股本数额、企业经营业绩和无形资产比例等都有严格要求，将一大批中小企业拒之门外。虽然我国为创新企业设立了创业板市场，但也存在“僧多粥少”的情况，无法满足大批企业的上市需求。另外，产权交易市场的性质、功能定位不明确，交易模式和监管机制不统一、不科学、不透明，给特定私募股权投资基金的投资者增加了退出风险。

3.3.2 投资前的风控策略

为了有效控制私募股权投资基金的风险，在投资之前，投资者要做好以下工作。

◆制定严格、清晰的投资标准

在投资之前，投资者要深入了解投资项目，明确投资项目的核心竞争优势，如市场占有率较高、有独特的技术优势、商业模式新颖、具备稀缺资源优势或者特殊的准入资格等。具体来看，投资项目至少要具备以下条件：拥有清晰的发展战略，未来增长可预期；盈利模式清晰且成熟；经营团队稳定、专业、可以进行良好的沟通；法人治理结构清晰；财务记录、税务记录比较完整，不会发生潜在损失；拥有一定的安全边际，投资价格合理。

◆进行深入、完备的尽职调查

投资者在投资之前要对被投企业进行尽职调查，对被投资项目进行全方位了解。为此，基金管理人需要组建一支专业的尽职调查团队，从公司业务与行业发展、财务数据报表、法律法规、其他4个方面开展尽职调查，具体内容如下：

（1）被投企业业务和行业尽职调查。

基金管理人要对被投企业的业务发展情况进行深入了解，包括被投企业所处的发展阶段、未来的发展空间、竞争对手的情况、优势与劣势、所处的竞争地位、公司上下游的具体情况等，并且要将被投企业的各项数据与行业数据放在一起进行比较。

如果被投企业属于新材料、新能源、生物医药等高科技行业，基金管理人还需要聘请业内的产业专家顾问，对被投企业的技术先进性做出科学判断。

（2）财务尽职调查。

财务尽职调查要求被投企业提供详细的财务报表与完整的财务资料。具体来看，财务尽职调查的内容主要包括：确认被投企业提供的历史数据的真实性、可靠性；被投企业是否存在表外资产和负债；财务数据的预测依据及演算逻辑；财务内控制度是否健全；被投企业的纳税是否正常；税收筹划是否到位等。

（3）法律尽职调查。

法律尽职调查由法务专员向被投企业发放调查问卷，调查内容主要包括企业的设立登记、资质许可、治理结构、劳动员工、对外投资、风险内控、知识产权、资产、财务纳税、业务合同、担保、保险、环境保护、涉诉情况等，并要求被投企业提供原始文件。在这个阶段，法务专员要特别关注被投企业是否存在重大未决诉讼、专利权及核心技术法律纠纷、房产土地权属纠纷等。

（4）其他尽职调查。

其他尽职调查内容包括是否存在“一场多制”问题、是否存在大股东占用资金问题、是否存在重大同业竞争问题等。

◆估值谈判

在私募股权投资交易方面，如何对被投企业的股权进行估值是核心问题，这一问题在很大程度上决定了投资方的股份占比、投资成本及退出时的回报率。被投企业的股权估值是投融资双方博弈的结果，如果估值过高，不仅会导致私募股权投资的成本过高，而且会增加投资风险。

3.3.3 投资中的风控策略

投资过程中的风险控制要考虑很多内容，包括交易结构是否合理、是否考虑到了下行风险保护、是否享受优先购买权益、是否有反稀释条款等。一个合理的交易结构可以更好地规避投资风险，为投资者的相关权益提供更好的保障。

投资过程中的风险控制包括两方面内容，一是确定投资决策流程，二是确定风险控制条款。

◆**投资决策流程**

在投资过程中，科学严谨的投资决策流程可以更好地控制风险。为此，私募股权投资基金管理人应该注重投资决策流程的规范与完善，先由投资研究部门对拟投资企业进行投资价值分析，然后组织高级管理人员与投资经理对拟投资企业进行考察，最后由私募股权投资基金投资决策委员会进行讨论，做出最终的投资决策。

作为项目立项的评审决策机构，投资决策委员会主要由私募股权投资基金的总裁、投研团队负责人、风控合规部门负责人等主体组成。私募股权投资基金的管理人不仅要限制投资领域，还要设立一些硬性要求，如单笔投资不能超过基金总资产的40%、单一投资股权不得超过被投企业总股本的20%等，上述比例可以在具体的实践过程中进行灵活调整。

◆**风险控制条款**

（1）多层担保。

基金管理人可以要求被投企业的创始人、大股东及其他与被投企业关系密切的人、资本实力雄厚的关联方对被投企业未来的变现能力、经营业绩等进行担保，从而分散投资风险，保证能够获得良好的权益。

（2）优先股。

私募股权投资基金将被投企业的优先股作为投资工具，可以实现优先清算、盈利期优先分红和优先退出等。很多私募投资协议会将优先清算权单独列出来，按照初始投资额一倍甚至两倍以上的价格享受优先清算权。

需要注意的是，按照现行《公司法》的相关规定，有限责任公司可以存在“同股不同权”的优先股，股份有限公司则要坚持“同股同权”的原则，保证同一类型的每一股份都享有同样的权利，所以企业只能在股份制改制前使用优先股。

（3）对赌条款。

对赌条款是为了防控被投企业未来发展的不确定性风险，最常见的是业绩对赌，这里的业绩包括营业额、净利润、销量、用户增长规模等。

（4）反稀释条款。

一般情况下，私募股权投资后面几个轮次的投资价格应该比前面几个轮次的投资价格高，只有这样前期投资人才能获得账面增值，不会触发反稀释条款。如果后面几个轮次的交易价格低于前面几个轮次的交易价格，就会导致前期投资人的利益受损，从而触发反稀释条款。目前，国内常用的反稀释条款是“全棘轮”，也就是当后面轮次的交易价格低于前面轮次的交易价格时，被投企业的创始人、大股东要自行购买股份无偿赠送给前期投资者，以平衡两轮投资之间的价格落差。

（5）大股东或管理层回购。

如果前面几项条款都无法保证投资人获利退出，尤其是在投资了3~5年之后，被投企业仍无法完成IPO上市，投资人也无法将股权转让给第三方。在这种情况下，投资人可能要求被投企业的股东或管理层按照之前约定的价格回购股份，从而收回之前的股本投资，获得一定的收益。

3.3.4 投资项目的风控策略

在私募股权投资基金的风险控制策略中，单个投资项目的风险控制是重点。如果可以有效控制单个投资项目的风险，就能控制整个私募股权投资基金项目的投资风险。事实上，相较于投资项目的风险管理来说，单个投资项目的风险控制更加困难。因为单个投资项目的风险控制从投资进入之前就已经开始了，会伴随项目投资的整个过程，并且与私募股权投资基金的一般风险控制息息相关，需要迎合私募股权投资基金的一般风险控制策略。

◆项目选择的风险及控制

想要做好私募股权投资，首先要选择一个优质的投资项目，只有这样，后续的投资管理才能发挥出实际效用。因此，项目选择是非常重要的一个环节。项目选择必须严格遵守各项标准，包括行业标准、区域标准、阶段标准、项目标准等，将不符合标准的项目剔除。

（1）行业选择。

对于PE投资人来说，他们对年投资回报率的要求一般是20%～30%，因此PE投资应该选择高回报行业与项目。目前，高回报项目主要分布在垄断型、资源型和能源型行业，这些行业的产品具有稀缺性和垄断性的特点，年回报率超过40%。从具体实践层面来看，这些行业的分布呈现出多元化的特点，虽然传统行业备受青睐，但一些新能源、新消费品、医疗健康等行业也展现出巨大的发展潜力，受到了广泛关注。

（2）区域选择。

项目投资发生在特定区域，因此投资效果深受区域投资环境的影响。如果某个区域的投资环境比较好，就可以降低项目运作成本，增加企业效益；如果某个区域的投资环境不好，就会给项目运作造成不良影响，导致企业的投资收益缩水，甚至导致企业投资失败。具体来看，投资区域的选择要考虑以下因素，包括投资项目所在区域的自然地理环境、经济环境、政策环境、制度环境、法律环境等。

（3）阶段选择。

一般情况下，私募股权投资基金会根据企业所处的发展阶段的特点与自身的优劣势进行匹配，对处在特定发展阶段的企业进行投资。具体来看，企业发展阶段可以分为种子期、初创期、成长期及成熟期4个阶段。

私募股权投资基金特别青睐处在发展转折期的企业，即受到资金困扰，试图扭亏为盈的企业。此外，私募股权投资基金还会进行MBO杠杆收购，即企业管理层通过借贷获取资金或者提供股份来购买自己经营管理的公司。在众多投资形式中，这种投资形式比较特殊。

（4）项目选择（波士顿模型）。

项目选择要考虑以下问题：

- 项目的市场发展潜力如何？是否拥有广阔的发展空间？能否实现持续成长与发展？行业平均回报率如何？
- 项目产品或服务是否具备核心竞争力？盈利能力如何？是否具备防复制能力？是否具有独占性？
- 管理团队的整体素质如何？团队成员能否胜任本职工作？能否开展诚信经营？能否团结协作？
- 项目是否合法？项目规模如何？项目是否可行？项目的经营手续及各种资质是否齐全？是否能够达到预期收益率？所选项目的投资额是否合适？

如果项目的投资额太小，不仅无法形成规模效应，而且会分散项目管理人员的时间和精力；如果项目投资额太大，超出投资者的承受能力，可能会诱发投资风险。所以，投资者在选择投资项目时必须考虑所选项目的投资额。

◆项目管理的风险及其控制

（1）项目组合投资。

如果私募股权投资的规模比较大，为了避免单个项目投资失败的情况发生，可以将资金分散投入不同的项目中，形成项目投资组合。投资者在选择投资项目组合时需要考虑行业组合、区域组合、投资阶段组合三方面的内容，尽量投资不同行业、不同区域、处在不同发展阶段的项目，以便最大限度地降低私募股权投资的风险。不过，在实际的私募股权投资活动中，投资者即使选择投资项目组合，各项目所在的行业和发展阶段之间的区间并不会过大，这一方面是因为不同行业和发展阶段的项目通常评估标准不同，一家私募股权投资基金的管理机构往往会对某几个行业的项目发展阶段相对熟悉，因此倾向于固定在一定范围内分散投资不同商业模式及不同客户群体的项目，以平衡项目风险；另一方面是因为很多资金实力雄厚的投资机构一般更加看重某一个行业或者细分赛道，因此倾向于在这个赛道中进行分散投资。

（2）分期控制。

为了有效防控风险，私募股权投资需要设计一套完整的项目管理风险控制体系，该体系涵盖了两个层面的内容，一是事前审查，二是事中控制。其中，事前审查指的是对项目实施小组提交的投资方案、投资协议等进行审查，审查结束后报投资委员会批准，获得批准后实施。事中控制指的是私募股权投资管理人对被投企业进行非现场监控并参与重大决策，督促被投企业及时报告企业运营状况，定期披露财务信息与市场信息，做好相关原始凭证和资料的保管工作。

同时，私募股权投资管理方要对被投企业进行现场监控，对资金运用情况进行跟踪管理，做好资金使用过程中的风险控制与管理，发现异常情况及时处理。

第4章　投后管理

4.1　投后管理的原则与步骤

4.1.1　投后管理的三大作用

在股权投资全过程中，投后管理也是一个非常重要的环节，包含了两大内容，一是投后监管，二是提供增值服务。虽然投后管理的概念出现的时间比较早，但真正得到重视的时间却比较晚。

在投后管理的过程中，基金管理人不仅可以利用各种手段对被投企业的运营活动进行监管，对可能发生的风险进行有效防控；还可以利用自身优势，为被投企业提供一系列增值服务，包括战略规划、后续融资支持、资本市场发展规划与实施、推荐专业人才及管理人才等，促使投资收益实现最大化。投后管理的内容如图4-1所示。

◆把控风险

投后管理部门不仅需要把控被投企业的经营风险，还要把控不断变化的经营环境与市场环境可能给被投企业带来的不确定性风险。在这种情况下，投后管理的主要任务就是尽量降低企业的试错成本，尽可能缩短被投企业完成初设目标的时间，对企业发展产生积极的推动作用。

图 4–1 投后管理的具体内容

企业在A轮融资之前，无论是财务体系、商业模式，还是人员匹配，都存在缺陷。在这个阶段，投后管理就扮演着“医生”“管家”的角色，帮助被投企业发现问题、解决问题，从政策、市场、管理、资金链（财务）等多个维度降低投资风险，实现资本的保值增值。

◆增强企业软实力

做好投后管理可以在一定程度上增强被投企业的软实力。

随着资本市场规模的不断壮大，市场上的投资项目越来越多，但优质的投资项目一直是凤毛麟角。虽然优质的投资项目需要培养，但投前部门在选择投资项目时要考虑企业的孵化成本，尽量减少在孵化环节的支出。目前，如果基金管理人只能为被投企业提供资金支持，将很难吸引到足够多的优质项目。除了提供资金支持，基金管理人还要做好投后管理，通过投后管理改善被投企业的绩效，推动被投企业更好地成长与发展。

◆反哺投前

（1）检验投资逻辑。

检验投资逻辑可以验证投前管理与投后管理相辅相成的价值。投前部门选择标的企业、完成投资只需要很短的时间。完成投资后，投后管理人员需要长期地进行跟进回访，以尽可能保障预期利益得以实现。

例如，投前人员选择投资一家电商平台，原本的计划是通过将下游人员引入上游企业，最终打造一个开放的电商平台，通过一年时间的运营让平台流量达到一定规模。但经过半年的摸索与实践，企业发现原本的商业模式难以为继，开始向专门为下游产业人员提供服务的服务商转型。虽然这条发展路径比较顺畅，但没有太大的发展空间。

在这种情况下，投后管理部门要及时对该项目亮起红灯，帮助平台重新规划商业模式，并将相关情况及时向投前项目负责人反馈。确保投前人员及时了解该项目存在的问题，同时吸取教训，在考察类似项目时规避这类风险。

（2）调整投资布局。

大部分投资基金在设立时都会对投资范围、投资领域、投资的轮次等做出规定。但当某个领域出现市场红利或市场发生系统性变动，就有可能打乱基金组织原有的投资计划。在这种情况下，投后部门要对每个投资项目的占比以及项目质量进行有效把控。例如，当基金管理人在电商领域投资了多家企业时，投后部门要提醒投前部门在看到类似的电商项目时要严格把控，避免投资太多同质化的项目，以降低投资风险，扩大基金的覆盖范围，拓展基金的成长空间。

4.1.2 投后管理的三种模式

具体来看，一个完整的基金投资周期可以划分为“募投管退”4个环节，其中投后管理是非常重要的一个环节，这个环节涵盖了从完成尽职调查到实施投资再到项目退出的全过程。

对于基金管理人来说，做好投后管理可以积极参与项目管理，有效防控潜在风险，实现资产保值增值。为了提高投后管理效率、保证投后管理质量，基金管理人可以尝试不同的投后管理模式，具体可以总结为以下三种。

◆投前投后一体化模式

投前投后一体化模式也被称为“投资经理负责制”，在这种模式下，项目投资经理要对投前的尽职调查、投中交易、交易完成后的跟进与管理以及资金退出等事项全权负责。

目前，这种模式主要适用于中小型的私募股权投资基金管理人。因为该模式对投资经理的依赖性比较强。随着投资项目越来越多，投资经理只能将有限的精力用来开展基础回访，收集财务数据，无法对投资项目进行深入调查，也无法为被投企业提供增值服务，最终可能会出现“投而不管”的现象。

◆专业化投后模式

专业化投后模式被称为“投后负责制”，指的是基金管理人组建专业的管理团队，制订详细的投后管理计划，在项目投资完成后为被投企业的管理提供专业的服务与帮助，如对重大项目的开展进度进行跟踪，不断提高财务运营质量等。

目前，达晨创投和九鼎投资等公司采用的就是这种投后管理模式，达晨创投更是在2013年成立了专门的投后管理部门。在这种管理模式下，由于投后人员不参与前期的项目选择、项目投资等工作，所以需要花费大量时间与投前人员沟通交流，以了解项目的具体信息，时间成本相对较高。

◆“投前+投后”互补模式

“投前+投后”互补模式又被称为“投资+运营+专家”三位一体模式。投资机构内部设立管理团队和运营团队，专门为企业提供增值服务。如果在投后管理的过程中遇到无法解决的问题，投资机构会聘请第三方专业机构协助解决。很多中大型的私募股权投资基金采用的就是这种模式。因为这种模式推行的是双重责任制，所以无法对投前、投后的工作绩效进行量化，也无法对企业价值提升效果做出准确评估。

4.1.3 投后管理的六个原则

随着市场环境、国家政策、法律法规等的不断调整，标的企业的经营活动可能会受到不同程度的影响，从而面临各种风险，包括市场风险、政策风险、技术风险、管理风险、法律诉讼风险等。投后管理就是通过对投资项目进行有效管理来降低各类投资风险的发生概率，或者规避投资风险。

投后管理主要涉及两大问题，一是投资项目的发展问题，二是退出方案的实现问题。有效的投后管理可以主动消除潜在风险，实现投资的保值增值。因此，对于私募股权投资来说，做好投后管理意义非凡。

投后管理工作看似复杂，其实可以归结为4个方面，分别是投资协议执行、项目跟踪、项目治理、增值服务。另外，投后管理工作还可以分为日常管理和重大事项管理，其中日常管理的主要内容包括与被投企业保持联系，了解被投企业的经营状况，定期编写投后管理报告等；重大事项管理包括对被投企业的股东大会、董事会、监事会议案进行审议、表决等。

为保证投后管理的质量与效率，私募股权投资基金在开展投后管理时要遵循以下六大原则，如表4–1所示。

表 4–1　投后管理的六大原则

原则	具体内容
持续性原则	投后管理工作要坚持连续性、一贯性原则。在一项投资活动完成后，投后管理人员要及时将其纳入管理范畴，按照相关规定对投资项目进行定期或不定期的检查，直到投资活动结束
全方位原则	投后管理人员要对被投企业进行全方位监控，具体包括被投企业的财务状况、抵（质）押品情况、经营管理状况，以及可能对被投企业的生产经营活动产生影响的国家宏观政策、市场竞争情况、上下游企业情况和被投企业所在行业的发展情况等
谨慎性原则	投后管理人员必须对可能影响投资活动的各种不利因素保持高度关注，及时采取措施化解风险
及时性原则	投后管理人员要及时开展投后检查与管理工作，发现问题要及时发出预警
真实性原则	在投后检查阶段，投后管理人员要做到“检查必记录，记录必真实”，保证投后管理工作能够有序落地，发生问题时有据可查

续表

原则	具体内容
双人检查原则	投后管理人员在对被投企业进行检查时必须两人共同检查，在检查过程中相互监督，检查结束后签字确认

4.2 投后管理的内容与要点

4.2.1 投后管理的影响因素

投后管理是一项需要花费很长时间来开展的专业性的工作，在开展过程中具有很大的不确定性，这里的不确定性主要表现在投后管理非常容易受到宏观环境以及各种微观因素的影响。下面我们对影响投后管理的主要因素进行具体分析。

◆基金管理人的品牌与投后管理能力

不仅基金管理人对投后管理的重视程度会影响投后管理工作的开展效果，而且基金管理人的品牌影响力、投后管理的专业度与能力也会影响投后管理工作。基金管理人的品牌影响力越大、声誉越好，越能够获得被投企业的信任，越有利于投后管理工作的开展。

反之，如果基金管理人的品牌影响力不足、投后管理能力不足，就很难获得被投企业的信任，不利于投后管理工作的开展。

◆基金在被投企业的占股比例

如果该基金对被投企业的投资规模比较大、占股比较多，就能够进入董事会，委派人员担任董事一职。在投后管理的过程中，基金管理人委派的董事可以通过董事会决议对被投企业的重大决策产生影响。除董事外，基金管理人还可以向被投企业派驻财务经理，对被投企业的财务状况进行监管。

如果该基金对被投企业的投资规模比较小，占股比较少，就只能参与股东大会，无法及时掌握被投企业的运营情况，自然无法进行有效的投后监管，无法为被投企业提供增值服务。所以，通常私募股权投资基金的投资阶段越靠前，基金在被投项目里的占比越大，同时被投企业所需要的资金与产业资源需求也会更多，私募股权投资基金为企业提供增值服务的空间越大，精度也更高。

◆被投企业所处的发展阶段

基金管理人对被投企业的投后管理要根据被投企业所处的发展阶段来决定。企业所处的发展阶段不同，投后管理的方式与程度也不同。

如果被投企业是一家创业企业，且处在发展早期阶段，其往往面临创业者管理经验不足、管理团队不完善、各种资源缺乏、上下游供应链缺失等问题。面对这类企业，基金管理人要充分发挥自己的作用，为企业提供其需要的各种资源与服务，与企业共渡难关。如果被投企业已经进入稳定发展阶段，基金管理人不需要深入介入，只需要给被投企业自由发展的空间，做好投后监管即可。当然，如果企业需要，基金管理人可以为其提供一些增值服务。

◆被投企业所处的行业

基金管理人要根据被投企业所处的行业，来决定投后管理模式以及投后管理的介入程度。

一般来说，如果被投企业是高科技企业，技术人才在企业员工中的占比往往比较高，市场开发能力有所欠缺。在这种情况下，基金管理人就可以发挥自己在市场开发方面的优势，为被投企业提供这方面的增值服务。另外，基金管理人在选择投资领域时往往存在一定的偏好，比较倾向于投资自己熟悉的领域或行业，希望通过投资搭建一个生态圈，对上下游资源进行整合，以便提高对被投企业介入的深度。

◆被投企业创业者接受帮助的意愿

投后管理是一项双向工作，一方面基金管理人要有开展投后管理的意愿与能力，另一方面被投企业创始人要愿意接受投后管理。

在具体实践中，被投企业接受投后管理的意愿对基金管理人投后管理工作的开展效果有很大影响。如果被投企业对基金管理人非常信任，愿意主动与基金管理人分享企业在发展过程中遇到的问题，往往能够获得更多的增值服务。

4.2.2　投后管理的主要内容

投后管理的总目标是最大限度规避投资风险，加速风险资本增值，追求投资收益最大化。为了实现这一目标，基金管理人要根据被投企业的具体情况制定投后管理的分阶段目标，保证目标可实现、可执行且易于监控。

如果将投后管理过程划分为不同的阶段，前期目标就是深入了解被投企业，与私募股权投资管理领域的专家建立默契，在管理思路与管理形式方面达成一致意见，对企业进行规范管理。中期目标则是通过帮助被投企业改进经营管理模式来控制风险，推动被投企业实现健康成长与发展。

◆投后管理的分类

投后管理主要包括两大内容，一是投后监控，二是提供增值服务。基金管理人在投后管理的过程中要为被投企业提供必要的帮助，保证被投企业决策的正确性，帮助被投企业实现价值增值。同时，基金管理人要维护好自身权益，防止出现可能损害自身利益的行为。为了做到这一点，基金管理人要积极参与被投企业的管理，对被投企业进行监控。

具体来看，投后管理可以划分为以下两种类型，如表4–2所示。

表 4–2　投后管理的两种类型

类型	具体内容
参与管理型投后管理	基金管理人在完成对被投企业的投资后，参与到被投企业的日常管理中，这种管理活动涵盖了一切能够让企业增值的监管与控制活动，如企业日常管理事务咨询、客户推荐、商业模式设计等。从基金管理人的角度看，这种参与可以为被投企业带去很多帮助，如可以帮助被投企业识别并控制风险，实现企业的价值增值等
控制风险型投后管理	在这种类型的投后管理中，基金管理人将采取一系列的紧密管理监督措施，以解决信息不对称问题。在具体实践过程中，基金管理人可能要求被投企业定期披露相关财报，增加相应董事席位，有权参加董事会、股东大会等内部重要决策会议等，以尽可能防止出现“道德风险”和“套牢”问题

◆投后管理的内容

私募股权投资基金的投后管理主要包括三大内容，分别是常规性管理、决策性管理和价值增值性服务，如表4–3所示。

表 4–3　投后管理的三大内容

管理项目	具体内容
常规性管理	常规性管理指的是投后管理的负责人在权力允许的范围内，利用常规性方法对被投企业的经营活动进行管理，对被投企业的运营状况进行监督，发现问题并及时处理
决策性管理	决策性管理指的是基金管理人向被投企业派驻高层管理人员，对企业内部组织结构进行优化与调整，在决策过程中享有一定的话语权，并对决策结果产生一定的影响。在决策过程中，基金管理人派驻到被投企业的高层管理人员要对基金管理人负责，将被投企业的情况及时反馈给基金管理人，为被投企业的决策提供指导。为保证决策的科学性，高层管理人员向基金管理人反馈的信息必须准确
价值增值性服务	价值增值性服务是基金管理人向被投企业提供的所有有价值的增值性服务的总称，其目的是实现企业的价值增值，这是投后管理的核心要义。在投后管理过程中，基金管理人不仅要向被投企业投入股本，还要为其提供一些关键的增值性服务，如帮助被投企业建设管理团队，为被投企业提供法律咨询、信息支持等服务。因此，增值服务可以看作价值再创造的举措，是投后管理的一项重要内容

投后管理涉及的具体内容包括：

（1）《投资协议》执行情况。

基金管理人要对《投资协议》中的相关条款进行分类汇总，根据条款内容制订实施计划，督促相关内容按时落地并执行：

- 如果《投资协议》中约定向被投企业派驻董事、财务总监等人员，要督促被投资企业及时办理任命程序；
- 在投资方支付投资款之后，基金管理人要督促被投企业及时验资，修改章程，变更股东；
- 如果被投企业在经营过程中触发"有条件条款"，如回购、共同出售、估值调整等，要及时采取措施进行处理。

（2）项目跟踪。

基金管理人要对被投企业的经营状况进行跟进了解，获取被投企业的财务报表、经营数据、“三会”决议等文件，对被投企业的资产、负债、业务、财务状况、运营、经营成果、客户关系、员工关系发展情况等内容做到实时了解。如果被投企业在经营过程中发生重大不利变化，基金管理人要及时向投资者汇报，并与被投企业协商制定解决方案。具体来看，投后管理在项目跟踪管理阶段应该了解的内容如下：

- 月度、季度、半年度、年度的财务报表；
- 重大合同；
- 业务经营信息；
- 重大的投资活动和融资活动；
- 标的企业经营范围的变更；
- 重要管理人员的任免；
- 其他可能对被投企业生产经营、业绩、资产等产生重大影响的事宜。

（3）项目治理。

基金管理人要与被投企业保持沟通，如果遇到需要投资方派出董事参与表决的事项，要及时提请董事决议。此外，基金管理人还要督促投资方积极参加被投企业的股东大会。

（4）增值服务。

增值服务指的是基金管理人为被投企业提供的一系列服务的总称，具体包括向被投企业引荐重要管理人员、参与企业战略制度的制定、参与企业经营计划的制订、帮助企业筹集资金、为企业寻找重要客户和供应商、帮企业外聘专家等。

在这方面，基金管理人的主要工作就是搭建一个资源共享平台，为被投企业提供税收筹划、人力资源评估及推荐、财务规范辅导、业务流程改善等服务，为企业上市提供咨询服务，对企业各项资料准备情况进行分析，对可能遇到的法律问题进行预判，为被投企业提供专业的指导意见与建议，帮被投企业调整上市思路。

（5）财务管控。

财务管控应该是投后管理的重点，因为被投企业的财务状况直接影响投资者的收益情况。具体来看，财务管控要做好以下四点，如表4–4所示。

表4–4 财务管控的四大内容

序号	具体内容
1	完成投资后，基金管理人要定期对投资项目进行检查，了解投资项目的运营情况，以季度为单位向公司提交投资项目的季度管理报告，在年终总结时针对投资项目的具体情况提出有针对性的管理建议。另外，基金管理人要对投资项目进行动态监控，遇到可能影响投资安全的情况时及时向公司汇报，由公司制定方案进行应对
2	如果基金管理人要向被投企业派出人员参与经营管理，派出人员要按季度提交被投企业的经营状况报告。如果发现可能影响投资安全的事项要及时向公司汇报
3	如果基金管理人不向被投企业派出人员参与经营管理，则由项目团队定期或者不定期地前往被投企业进行考察，了解被投企业的经营状况与财务状况
4	公司财务部门负责对数据进行汇总与分析，为企业决策提供科学依据

4.2.3 早期到IPO投后管理

如果私募股权投资基金涉及的资金规模比较大，VC/PE机构可能成立专门的服务团队，对投资风险进行严格把控，对企业发展动态进行实时关注，从而为企业提供更多元、更优质的增值服务。当然，企业所处的发展阶段不同，投后管理的内容也不同。

从融资轮次看，融资轮次不同，投后管理的内容也不同。具体来看，投资轮次大致可以划分为A轮之前、A+轮到C轮、D轮到Pre–IPO、IPO及以后4个轮次。

◆A轮之前

（1）攒团队、搭班子，优化股权架构。

在A轮融资之前，企业的团队配置、股权架构往往存在缺陷。在这个阶段，基金管理人看重的往往不是项目，而是企业的创始人或者核心团队。对于早期项目来说，人是非常重要的一个因素，很少有创业企业能够在种子期搭建起一个成熟的团队，大多数创业企业都存在团队建设不合理、结构不完善的问题。投资企业想要快速孵化出优质项目，必须投入大量时间与精力完善团队，为企业股权架构的搭建提供指导。

为了做好这一点，有些基金管理人会成立人才招聘部门，专门为企业物色合适的人才。这种问题在孵化器中也非常常见，但孵化器可以对各类资源进行高度共享，这一点与产业园区不同。以真格基金为例，从创立至今，其投资的创业公司超过800家，投资的轮次也多集中于企业融资的初期阶段，天使轮、Pre-A轮、A轮的占比相对较大。在投后管理方面，真格基金会为被投公司提供人员招聘、PR品牌、资本对接、财务法务顾问等较为系统化的服务。

（2）梳理商业模式。

企业所处的领域不同，商业模式也不同。例如，处在天使轮的数字新媒体公司，前期的主要任务就是抓住核心业务并快速迭代，不断调整业务方向进行试错，搭建业务模型。进入A轮之后，产品形态和商业模式逐渐稳定，此时的主要任务是提高产品的稳定性、完善度与安全性。在这个阶段，基金管理人要帮助被投企业探索出一种更合理、更有想象空间的商业模式，尽量减少试错成本。

（3）对接融资。

创业企业在还没有拥有良好造血能力的情况下，为了稳定资金链，实现可持续发展，大多会选择融资。因为很多创业企业缺乏合理的财务分配制度，再加上变现渠道单一，只有少数创业企业能够实现盈亏平衡，大多数创业企业处于亏损状态。在这种情况下，如果资金链断裂，会直接导致创业失败。因此，基金管理人对初创企业的投资非常重要，不仅可以为创业项目的正常推进提供必要的资金支持，还可以缩短产品开发周期，让产品尽快上市。

创业企业完成天使轮融资之后，短时间内不会引入下一轮投资，因此基金管理人与被投企业可以利用这段时间相互磨合。同时，被投企业可以利用这段时间未雨绸缪，提前做好规划，如在企业运营状况达到某一阶段时启动新一轮融资，而不是在陷入资金危机时为了有人雪中送炭而融资。

很多人认为企业估值与企业的融资规模以及释放出来的股权数量有关。其实，除此之外，企业估值还与企业的成熟度及商业模式未来的发展空间有关。企业估值必须合理，只有这样才能更快地找到合适的基金管理人。为此，私募股权投资基金的投后管理既要帮企业梳理融资规划，又要协助企业正确地计算企业估值。

◆ A+轮到B轮

（1）变现渠道。

在A+轮到C轮融资的过程中，投后管理部门首先要帮助被投企业完善商业模式，打通变现渠道。虽然在天使轮融资阶段，投后管理部门与被投企业也会思考盈利模式问题，但这个问题不是该阶段考虑的重点。进入A+轮到B轮之后，一个合理的盈利模式可以为企业带来更多流量与资金，帮助企业获得稳定、可复制的造血能力。例如，数字新媒体公司进入B轮融资之后已经形成了一定的规模，任务重点就变成了拓展变现渠道，获得稳定的资金流。

（2）战略融资。

对于进入A+轮到B轮的企业来说，融资不只是为了获得资金，而是为了寻找认同企业文化、可以帮助企业实现发展战略的基金管理人，以获得必要的资源支持。

在这个阶段，投资机构的投后管理部门要对企业未来的发展战略与规划进行深入了解，并对适合企业的投资机构进行整理，作为中间人为企业与投资机构牵线搭桥，促成融资。在帮助被投企业对接投资机构的过程中，投后管理部门承担着解决投资机构疑问的职责，要明确被投企业未来的发展规划与发展方向。如果涉及转型或者跨领域发展问题，投后管理部门要慎重决策。

◆C轮到Pre-IPO

（1）战略布局。

进入C轮到Pre-IPO之后，企业融资规模变大，面对的大多是资金实力雄厚的基金管理人。企业进入这个阶段之后，商业模式逐渐成熟，已经可以实现稳定盈利。因此，在这个阶段，投后部门要协助被投企业做好战略规划，如开展业务并购、不断完善产业链等，为企业上市做好准确。

（2）战略融资或并购。

在这个阶段，被投企业的主要任务就是并购同行业中的优秀中小企业，以尽可能补足短板。因此，这轮跟进的基金管理人要将重点放在战略融资与并购方面，投后管理部门所能发挥的作用越来越小，工作内容主要是定期跟进，为被投企业提供必要的资源支持。如果被投企业发起融资或并购，投后管理部门要加强管理。

当然，企业被并购也是资本退出的一条有效路径。如果被投企业选择被并购，最早在B轮融资阶段就需要表露出希望被并购的意愿。如果进入C轮融资，被投企业还是希望被并购，投后部门可以帮助其寻找合适的并购企业。

◆IPO及以后

在企业的整个融资过程中，通常后期投资人（B轮以后的PE投资人）更倾向于期待短期回报，因此，这个阶段的投资人会在企业上市解禁后立即退出以实现财务回报，并进行基金的分配和清算。对比而言，早期投资人由于跟企业培养了更深厚的信任关系、积累了更加丰富的产业资源，因此会选择在企业IPO之前退出本金，而在上市之后仍然保留一部分利润进行长期跟踪，并围绕企业相关产业上下游的发展，持续进行细分领域的投资。

进入IPO阶段之后，投后管理依然十分重要。在这个阶段，投后管理的主要工作是定期进行财务回访，进行跟进与披露，确保企业上市之后能够稳定发展，并且持续不断地获取利益，以保证基金管理人的利益。从另一个层面来看，这个阶段的投后管理重点在于后续的产业资源整合，具体包括上市前找到合适的战略融资方，以及上市后企业的向上、向下兼并收购计划。对于企业而言，这是其踏入下一阶段必须做好准备的一项工作；对于投资者来说，这个阶段的投后管理主要是为企业整合产业资源和确保上市递交材料的审核过程进展顺利，从而最终实现低风险、高回报退出。因此，在某种层面上说这也是最重要的一环，投后管理部门扮演的角色就像“医生”，定期为企业“把脉”，确保企业健康发展。

4.2.4 投后管理的操作要点

◆选择适合的投后管理模式

不同规模的私募股权投资基金要选择不同的投后管理模式。中小型私募股权投资基金可以选择“投前投后一体化模式”，以便对成本进行有效控制。当私募股权投资基金发展到一定规模之后，随着资金规模逐渐扩大，投资项目不断增加，可以选择“投前+投后”互补模式，将管理重心从前端转移到“前端+后端”，创建专业的投后管理团队，为企业提供更全面的增值服务，扩大投后管理的范围，提高工作效率。

◆优化专业人员配置，获得外部专家团队的支撑

基金管理人在选择投后管理人员时要优先选择复合型人才。虽然聘请外部专家是一种不错的方式，但聘请外部专家的费用相对较高，也很难与项目建立足够紧密和稳定的互动关系。

为了减少在这方面的支出，基金管理人需要做好人才的内部培养工作，加强人才储备，组织人才培训，在夯实人才专业能力的基础上不断提高人才的业务能力，对行业发展动态予以密切关注，培养投后管理人员从不同角度看问题的能力，在实践过程中加强对行业的理解、提高对企业的洞察力，提高投后管理人员对项目的分析能力。

4.2.5　投后管理的注意事项

随着私募股权投资的出现频率越来越高，私募股权投资已经全面融入我国的经济活动。但因为我国私募股权投资基金的发展时间较短，相关人员将主要的时间与精力放在了项目选择上，在很大程度上忽略了投后管理，从而引发了很多问题。

在具体实践中，基金管理人的核心竞争力是优质项目获取能力、项目规模提升能力等。但随着股权投资市场的竞争愈演愈烈，基金管理人的核心竞争力逐渐转变为品牌力、资金实力、资源、成功案例以及对被投企业的增值服务能力。在此背景下，很多人认为投后管理将成为基金管理人的核心竞争力。

对于基金管理人来说，基于价值提升理念的投后管理与服务，可以增强企业获得优质投资项目的能力以及企业在项目甄选环节的竞争力。同时，优质的投后管理可以不断提升被投企业的价值，帮助企业顺利上市，并通过为被投企业挑选合适的上市中介机构，选择在最合适的时间以最合适的方式完成退出，从而获取最大化的收益，既可以保证资本安全，又可以实现资本增值，一举两得。由此可见，私募股权投资基金管理人做好投后管理非常重要，具体要做好以下几个方面。

◆注重执行力

无论什么措施，只有落到实处才能产生价值。因此，投后部门必须注重执行力，在团队商定了某个方案后立即落地执行，避免纸上谈兵的情况发生。因为私募股权投资面向的主要是创业项目，如果方案不能落地执行，拖延太久，可能给基金造成不可挽回的损失。总而言之，投后部门就是要不断提升自身的执行力，尽量缩短决策时间与决策流程。

◆**内部有效配合**

（1）高管重视程度。

私募股权投资的基金管理人必须重视投后管理部门，不要将投后管理部门看作后勤部门，认为该部门不能为企业创造价值、可有可无。实际上，投后管理部门是一个非常重要的价值创造部门，毕竟在"募投管退"整个流程中，其"投"只是提供一个能够给私募股权机构带来收入的契机，至于最终能否得到回报、得到多少回报，很大程度上取决于投后管理及退出节点。基金管理人必须对该部门给予高度重视，不仅要完善部门的激励措施，适度放权，而且要从战略层面提高该部门的价值，打造一个坚实的后盾，全面提高自身的竞争力。

（2）制度化、流程化。

从时间节点来看，私募股权投资的投后管理跨越了从基金为被投企业打款完成到基金退出该投资项目之前的整个过程，因此明确投后管理的职责，创建一套系统完善的制度流程非常重要。尤其是对于中小型私募股权投资基金管理人来说，在忙于挑选投资项目的同时也要完善投后管理体系，促使投后管理流程化、规范化，提高投后管理的质量与效率。

（3）投前投后搭配，避免内部消耗。

基金管理人能够顺利退出投资项目并获得可观回报，一方面得益于投前人员对优质项目的识别能力，另一方面得益于投后部门对项目的培养能力。只有投前部门与投后部门相互合作，才能提升私募股权投资基金管理人的综合实力，助力其树立品牌形象、提高整体竞争力。

◆**投后是服务，也是管理**

如果基金管理人投资早期项目，因为所持有的股权较少，对投资项目的管理权限和决策影响力有限，即便设置内部猎头也很难发挥作用，而且很有可能引发被投企业的抵触心理。在此情况下，私募股权投资基金管理人的投后管理部门要明确自己的定位与职责，首要职责就是为被投企业服务，不能影响被投企业的正常运营。当然，投后管理部门与服务部门有着本质区别，虽然要为被投企业服务，但服务的目的是帮助基金管理人规避风险，保证投资项目增值，最终保证基金管理人的收益。

在私募股权投资“募投管退”的全流程中，投后管理在“退”方面扮演着重要角色，这就决定了投后管理是一种以退出为导向的管理服务，不仅要为投资项目服务，而且要帮助投资者获利退出，这是投后管理的重要价值。在这个过程中，投后管理的角色与功能要根据具体的事项进行调整。如果投后管理部门发现被投企业的某些行为可能损害投资者的利益，要及时上报，并与被投企业的管理人沟通，寻求解决方案，坚决维护基金管理人的利益。

4.3　投后管理部门岗位职责

4.3.1 《投资协议》的签署与执行

在私募股权投资基金的组织架构中，投资经理也可能会履行投后管理的职责。但随着投资项目越来越多，投资经理无法在开发新项目的同时兼顾已有项目的投后管理工作。在这种情况下，私募股权投资的基金管理人就会将投前与投后分开，设置两个单独的部门，并成立专门的投后管理团队，对已经投资的项目进行专业化投后管理。

签署了《投资协议》之后，投资经理要组织投资团队、风控团队、投后管理团队、被投企业代表、外派高管等人召开工作协调会，明确投后管理的具体内容，如被投企业存在的问题、需要被投企业配合的事项、将来需要落实的事项等，通过组建微信群、召开电话会议、发送群邮件等形式建立联络人沟通机制。同时，会议要按照《投资协议》《投资协议补充协议》《股东协议》等文件，对相关协议中的相关条款进行分类汇总，并督促条款内容落地。

4.3.2　定期走访与监督核查

投后管理部门要根据被投企业的实际情况，对被投企业进行定期走访或内控核查，时间大约为半年一次，或者一个季度一次，对被投企业的实际经营状况进行充分了解，形成具体报告。如果在走访调查中发现被投企业发生重大异常事件，投后管理人员要及时上报，为公司决策提供科学依据。

◆定期走访

在访谈开始前，投后管理部门要做好充分准备，制定访谈提纲，将访谈过程中的重要事项记录下来，在访谈过程中与被投企业的管理人员沟通交流，在访谈结束后的2日内形成访谈纪要，提交投后管理部门负责人审核。

◆内控核查

内控核查要分四步完成，如表4–5所示。

表4–5　内控核查的四大步骤

步骤	具体内容
制订核查计划	在进行内控核查之前，投后管理部门要制订详细、完整的内部核查计划，明确核查团队的人员构成，明确被投企业需要配合的事项以及需要提交的资料，明确内控核查的内容与范围以及内部核查需要遵循的原则与方法，对内部核查计划进行充分讨论并落地实施
实施核查方案	投后管理部门按照核查方案的相关内容开展工作，如果在执行核查方案的过程中遇到突发情况，可以根据具体情况对核查程序进行调整，并将事件原因记录下来。如果某一个事件可能发展成为一系列事件，核查人员要及时扩大核查范围，形成工作底稿，将相关事项记录下来
获得核查结果	如果投后管理人员在核查过程中发现问题，需要与被投企业的相关人员沟通，确定具体情况，对问题进行分类汇总，获得核查结果
监督核查情况	投后管理人员对核查结果进行汇总，商讨形成初步的解决方案，在访谈结束后的2日内形成书面报告，提交部门管理人审阅

4.3.3　重大事项的预警与披露

在投后管理人员对被投企业的经营情况进行跟踪调查的过程中，如果发现被投企业发生重大经济事件要及时上报，在相关报告中对事件发生原因、过程、结果进行详细描述，对该事件对被投企业可能造成的影响进行预判，对需要协调的问题进行汇总，形成初步解决方案，提交决策部门审核，通过后落地实施。

被投企业发生的重大事件主要包括以下内容，如表4–6所示。

表4–6　重大事件汇总

重大事项	具体内容
重大经济事件	股东会、董事会、总经理办公会有关重大经济事项决策情况； 股权投资、委托理财等对外投资事项； 借款、融资租赁、担保等事项； 诉讼、仲裁以及可能依法承担的赔偿等责任； 重要人事任免或变动； 资金状况，包括大额资金支出情况、存款开户情况、资金周转情况、存货积压情况、应收账款长期挂账情况以及流动资金异常占用等情况； 资产及产权变动情况，包括资产及债务重组、股权转让、重大资产收购、资产租赁、固定资产处置、非货币交易以及实收资本、资本公积等净资产变动情况； 关联企业设立情况； 取得政府补助或者优惠政策； 营业收入、净利润大幅变动一定百分比以上或净利润扭亏或转亏
重大经济事故	本单位银行账户被封； 对外债权不能按期收回； 财务人员涉嫌经济犯罪； 安全事故； 突发自然灾害； 政府部门直接检查或委托社会中介机构检查出的重大违纪问题等

4.3.4　价值实现与资本退出

投后管理人员通过对被投企业进行走访调查与内控核查，结合被投企业的经营分析报告、财务分析报告、重大事件报告、外部机会以及资本运作安排确定退出时间，并形成退出建议或方案，提交公司决策部门讨论。如果被投企业出现风险，投后管理人员要加强对被投企业关键人员的监控，确保基金管理人的利益不会受到损害。

项目退出可以采用的方法有很多，具体包括首次公开发行、买壳或借壳上市、管理层/股东回购、股份转让、破产清算等。投后管理人员在设计实施退出方案的过程中要注意以下事项：

- 如果被投企业已经上市，投后管理人员要执行减持方案，并满足承诺、监管、法律3个层面的要求。
- 如果被投企业无法独立上市，需要被上市公司收购，面对这种情况，投后管理人员要制定企业重组方案，同时对上市公司重大资产重组管理办法予以重点关注。
- 如果被投企业无法独立上市，而且无法被上市公司收购，触及协议中规定的退出条款，投后管理人员可以先与被投企业的负责人协商，对被投企业的业务进行重组，共同制定业绩提升方案。
- 如果确定要退出投资项目，投后管理人员要确定最佳退出时间，对投资损失进行计算，并制定退出清算方案。对于有回购承诺的企业，投后管理人员要依据相关法规和协议条款进行回购安排。

决策机构同意退出方案之后，投后管理人员要根据投资方案与投资退出关联方进行协商谈判，对退出方案进行修改，达成一致意见后将修改后的退出方案再次提交决策机构审核。审核通过后，投后管理人员按照方案的相关条款组织退出。

◆ IPO/并购指导规范

如果被投企业计划上市，投后管理部门应该参照《首次公开发行股票并上市管理办法》《上市公司重大资产重组管理办法》及其他相关法律法规，对被投企业提供指导。

此外，投后管理人员还要对可选择的上市公司进行尽职调查，以免在并购过程中出现问题，保证基金在收益最大化的前提下完成退出。

◆**档案与信息管理**

投后管理人员有权查看投资项目产生的所有文档，公司档案管理部门要针对每一个投资项目建立独立的档案并妥善保管。具体来看，投后管理部门要掌握以下信息，包括项目名称、项目经理、投资主体、投资时间、投资金额、股比、项目简介、董事监事及高管信息、各项经营数据报表、投后项目综合管理评估报告等。

第5章　退出机制

5.1　私募股权投资基金的退出机制

5.1.1　私募股权投资基金退出的概念与内涵

私募股权投资基金的完整运作过程包括4个阶段，即设立环节、募资环节、投资环节和退出环节。对于任何一只私募股权投资基金来说，这4个阶段都是不可缺少的，而且在具体运作过程中都具有各自的特点。

在上面提到的私募股权投资基金的运作阶段中，退出环节虽然是运作的最终阶段，但却是决定基金整体收益率最重要的一个环节。因为只有实现获利退出，才能使私募股权投资基金的存续及其管理公司的品牌升级成为可能，才能够保证私募股权投资基金获得应有的收益。不过，私募股权投资基金的退出不是一个简单的操作，应该建立在对退出机制、退出方式以及可能遇到的障碍等相关问题的分析之上。

私募股权投资基金的退出，指的是私募股权投资机构在完成投资操作且被投企业处于相对成熟的发展阶段后，通过将所持有的权益以资本出售的方式收回成本并获得相应收益的过程。畅通而完善的退出机制，不仅是私募股权投资基金持续流通和发展的基础，也保证了资本流动所具有的活力。

私募股权投资基金的退出机制与基金运作的参与者具有密切关联。对于投资者来说，某次投资能够获得的收益以及相应的投资回报率，均与私募股权投资基金退出的顺畅性及退出方式相关（如表5–1所示）。同时，被投企业与投资者的合作关系以及利益相关性也取决于退出机制。

表5–1　不同退出方式的对比

对比维度	上市转让	挂牌转让	协议转让	清算退出
退出收益	收益最佳（上市破发情况除外），对不同阶段投资人以及不同赛道项目来说，收益空间差异较大	次于上市转让（对品牌有一定背书作用，但面临流动性风险和维护成本风险），若上不了北交所，收益都是未知的	次于上市转让（收益相对稳定，收益相对可控）	一般将面临亏损的风险
退出效率	两年甚至更久，上市成功后一般还有相当期限的限售期，实现最终退出耗时较长。（对于后期投资人来说要面对二级市场风险，不可控因素较多）	一般实行注册制，所需时间相对较短	收购方和被收购方谈定交易价格和条件后，就可以进行交割，并且交易后不存在限售期的问题，可实现快速退出	不同企业清算所花时间呈现出较大的差异性
退出成本	需要支付承销商及其他服务机构较高的费用	相对上市而言，费用较低，但由于新三板流动性较差，所以在没有交易的情况下，这笔费用很容易变成沉没成本	除正常协议所需的必要律师费用外，没有额外费用	除正常协议所需的必要律师费用外，没有额外费用
退出风险	首发上市准入实行核准制，因此企业上市申请能否获得核准，存在相当大的不确定性	由于场外股权交易市场的交易活跃度通常不是很高，市场流动性相对较差，因此存在挂牌后一段时间内无人受让或价格被低估的风险	因为协议转让属于非市场化交易，因此会存在信息不对称所引起的价格不能充分反映被投资企业实际价值的不确定性	在处置资产的过程中，部分流动性较差的资产可能将不得不以极低的价格转让，甚至存在短期内无法变现的可能性，从而影响清算收入

在私募股权投资基金的运作过程中，私募股权投资基金退出机制的意义主要体现在以下几个方面：退出是私募股权投资基金运作过程中至关重要的环节，在

一定程度上体现了私募股权投资基金的运作是否成功；安全可靠的退出机制是私募股权投资基金健康发展的重要基础和关键前提；完善的退出机制使私募股权投资基金能够维持流动性、连续性和稳定性，是资本的放大器和加速器。

◆实现投资收益

私募股权投资基金选择的对象往往是具有一定上市潜力但还未公开上市的企业，而进行投资的目的并非为获取目标企业的经营管理控制权，而是获取可观的投资收益。

私募股权投资基金的退出，不仅能够使基金和目标企业获得期望的投资收益，而且能够进一步推动企业发现潜在的市场价值。此外，私募股权投资基金退出所展现的资金周转和资本增值效率，也会为基金和目标企业带来良好的市场口碑。

◆控制投资风险

理论上说，一项投资在获得可能收益的同时必然面临一定的风险，而且投资的回报率越高往往意味着其面临的风险越高。私募股权投资基金的一个显著特征就是高收益、高风险。

评价一个投资项目是否理想，往往需要参考其退出时获得的收益。而失败的投资往往不仅无法获得应有的收益，甚至可能无法收回投资成本，导致一定的投资损失。一般情况下，被投资对象并不是发展十分成熟的企业。由于企业在发展过程中可能面临各种变数，私募股权投资基金为了尽可能分散和控制风险，避免投资失败，应该建立完善的退出机制，通过破产清算、股权转让等退出形式对风险进行把控。

◆促进投资循环，保持资金流动性

私募股权投资基金要获得持续发展，必须拥有良好的流动性。成熟且完善的退出机制就保障了股权投资的流动性，有效促进了投资循环。不仅如此，私募股权投资基金的成功退出，也可以进一步提高私募股权投资基金的形象，使其能够吸引到更多优质的资本和具有潜力的投资对象的关注。

◆评价投资活动，体现投资价值

私募股权投资基金退出后通常能够获得比较理想的收益，成功实现资本增值。从这个层面来看，退出机制有利于私募股权投资基金对投资活动进行价值核算和评价。

5.1.2　私募股权投资基金退出的时机选择

私募股权投资基金在选择被投企业时，往往会对企业的发展潜力以及预期的投资收益进行相应的分析和预判。而在私募股权投资基金运营的过程中，当投资标的的成长达到预期水平后，投资者会选择合适的时间将持有的企业股权以比较理想的方式转化为资本而退出。退出机制的应用能够帮助私募股权投资基金实现资本增值或尽可能降低损失。

由此可以看出，私募股权投资基金的退出具有以下特点，如表5-2所示。

表5-2　私募股权投资基金的退出特点

特点	具体表现
将股权转化为资本	通过投资，私募股权投资基金期望获得的主要收益并非基于所拥有的股权而享有的股息和红利，而是在投资标的成长到预期的规模后，将所持有的股权进行转让而实现的资本增值
在企业发展的每个阶段都可能退出	企业在不同发展阶段有不同的成长重点。相应地，资本在企业发展的各个阶段也可以发挥不同的作用。例如，在创业初期，资本的加入能够带动企业成长；在发展期，资本能够为企业提供服务；在成熟期，资本的运作也能够促进企业资本的融通。资本的不断加入和退出如同接力赛一样，在企业的整个成长过程中不断运转
具有评价功能	私募股权投资基金的退出不仅意味着单次股权投资活动的结束，同时对私募股权投资基金及所投资的企业均具有一定的评价功能

从理论上讲，私募股权投资基金选择的投资对象是拥有先进的理念和技术、能够提供具有竞争力的产品或服务、具有较强发展潜力的企业。但所投资的企业是否符合预期、具有怎样的价值，只有经过市场检验才能够获得准确的答案，而最佳的评判标准就是私募股权投资基金退出时获得的收益。将所拥有的股权转换

为资本后所获得的回报价值是对私募股权投资基金的业绩进行评判的重要指标。如果能够获得的回报价值高、资本增值理想、投资业绩优异，私募股权投资基金就具有更高的吸引力，能够吸引更多的投资者并建立稳定的合作关系，进而提升基金的影响力、募资能力并扩大业务范围。

私募股权投资基金运作的直接目标是获得资本增值。为了尽可能获得理想的收益或者控制损失，私募股权投资基金应该准确把握退出时机，而退出时机的选择需要从多个方面进行分析和考量。私募股权投资基金选择退出时机需要综合考虑以下几个要素。

◆预期收益

这是私募股权投资基金选择退出时机最主要的衡量因素。私募股权投资基金的主要投资目的，就是出售所持有的投资标的的股权并获取理想收益。在对目标企业进行投资之前，基金管理人需要对投资标的的发展潜力及股权价值进行详细的分析，并计算此次投资能够获得的收益。所以私募股权投资基金并不需要追求投资标的股价的不断攀升，在投资标的的股权价格达到预期标准后便可以选择退出。

◆被投企业的业绩

当投资标的的业绩不断上涨、发展潜力被不断释放后，私募股权投资基金所持有的股权价值也必然会随之提升，同时投资标的的投资价值也会逐渐显现，吸引越来越多投资者的关注。如果私募股权投资基金选择在此阶段退出，便能够获得较为理想的收益。

但资本市场总是瞬息万变的，企业在发展过程中会面临各种变数。如果企业的业绩处于下滑状态，虽然从能够获取的收益角度来看并非合适的退出时机，但为了将损失控制在可承担的范围内，私募股权投资基金需要选择在此时退出。

◆国际和国内宏观经济层面的因素

对未公开上市发行股票的企业而言，其上市后能够获得的收益与资本市场的行情密不可分。

企业面临的市场环境不仅会受国内资本市场的影响，同时也会受其他国家资本市场的影响。例如，当美国等国家的资本市场剧烈波动时，我国的资本市场也会出现较大波动。因此，私募股权投资基金在选择退出时，应该对国内和国际的宏观经济进行综合考量，以尽可能降低风险、扩大收益。

5.1.3 国外私募股权投资基金的退出方式

在我国私募股权投资基金出现之前，国外的私募股权投资基金已经发展了二三十年。经过不断摸索，各个国家形成了独属于自己的私募股权投资基金退出机制。目前，在全球私募股权市场上，美国、欧洲、亚洲三足鼎立。由于私募股权投资基金兴起于美国，所以美国在私募股权投资市场上的地位非常稳固；欧洲的私募股权投资市场因为欧盟传统的经济优势形成了独有的特色；亚洲私募股权投资市场正处于发展阶段，正在探索进入与退出机制。

下面以美国为例，对私募股权投资基金的退出方式进行探究。

私募股权投资基金起源于美国，发展速度极快，在发展过程中形成了自己独有的特色。在美国的资本市场上，私募股权投资基金发挥着非常重要的作用。

◆多层次资本市场的建立与完善

美国建设了全球最大、最完善的证券资本市场，该市场包括3个部分，如表5-3所示。

表5-3 美国证券资本市场的构成

三大部分	具体介绍
全国性的证券交易市场	纽约-泛欧证券交易所集团（NYSE Euronext）规模位列全球第一，包括纽约证券交易所、美国证券交易所、巴黎证券交易所、阿姆斯特丹证券交易所、布鲁塞尔证券交易所、里斯本证券交易所、EURONEXTLIFT衍生品交易所，主要为大型企业提供上市交易服务
场外交易市场	包括纳斯达克。纳斯达克全称为美国全国证券交易商协会自动报价表（National Association of Securities Dealers Automated Quotations，NASDAQ），主要功能包括为中小企业拓展融资渠道，改善其融资环境；为不能在证券交易所上市交易的证券提供流通场所；提供风险分层的金融资产管理渠道

续表

三大部分	具体介绍
地方性证券交易市场	以各种区域性证券交易所为主，如费城证券交易所等，主要为地方中小企业提供直接融资服务

◆完善的法律法规

按照规定，新股上市之后，原持股股东不能在规定时间内随意出让所持股份，因此，企业完成IPO上市之后，私募股权投资基金无法一次性全部退出。

私募股权投资的基金管理人持有的股票属于限制性股票。根据美国证券交易委员会的相关规定：对于限制性股票，除非持股人死亡，否则自持有股票起一年内不能出售，第二年可以在限制条件下出售，而且在出售之前必须通知美国证券交易委员会。

这些规定虽然在一定程度上保护了企业其他投资者的利益，但也在一定程度上延长了私募股权投资基金的资金回笼周期，导致时间成本增加，进而导致私募股权投资者的资金机会成本增加。

◆宽松的监管制度

美国对私募股权投资基金的监管不太严格，没有设置专门的监管机构，也没有制定相应的法律法规，其监管特点可以用一句话概括，即“以豁免条款约束下的行业自律为主，辅之以对投资者人数、资格的限定”。

5.1.4 国外私募股权投资基金退出机制的启示

虽然各国私募股权投资基金的退出机制各不相同，但都有一些相似之处。例如，建立了完善的法律法规体系，形成了多层次的资本市场体系，市场上存在大量中介机构，退出方式不都以IPO为主等。

◆建立了完善的法律法规

根据各国的发展经验，想要保证私募股权投资市场健康发展，必须形成完善的法律法规体系。在私募股权投资基金退出方面，美国、欧洲、日本等都有明确的法律规定，对企业IPO退出、股份回购、破产清算等退出方式做出了详细规定。正是因为有了这些制度，私募股权投资基金才能顺利退出，才能让资金流动起来，形成资本循环。

◆建立多层次的资本市场体系

美国、欧洲各国都建立了多层次的资本市场体系，为私募股权投资市场的快速发展提供了强有力的支持。无论是美国的纳斯达克，还是英国的另类投资市场（AlternativeInvestment Market，AIM）都形成了多层次的资本市场体系，推行分层递进的市场股份交易准入制度，形成了分层递进且相互衔接的上市退出体系，为私募股权投资基金提供了多元化的退出方式，让私募股权投资基金退出变得更为容易。

◆市场上存在大量中介机构

在私募股权投资退出市场上，中介服务机构是非常重要的组成部分，以会计师事务所和律师事务所为主，主要负责为企业提供咨询、评估、谈判等服务。

美国、欧洲各国的私募股权投资兴起较早，市场发展较为成熟，出现了很多专门为私募股权投资基金提供退出服务的中介机构，并且通过市场的优胜劣汰留下了一批优秀企业。这些中介机构在发展过程中积累了丰富的经验，这些经验在私募股权投资基金退出方面发挥着重要作用。

◆退出方式并非全部以IPO为主

美国与欧洲各国在选择私募股权投资基金退出方式方面存在显著差异。欧洲私募股权投资基金退出倾向于出售产权，美国私募股权投资基金退出倾向于IPO退出。从私募股权投资基金倾向于投资的企业类型来看，我国与欧洲各国非常相似，但在退出方式的选择方面却存在较大差异。在这种情况下，私募股权投资基金领域需要思考一个问题，就是IPO上市是否是最佳的退出渠道。

5.2 IPO上市退出

5.2.1 境内上市的操作流程

私募股权投资基金选择的投资对象一般是未公开上市的企业。当投资标的发展到一定阶段后，往往会选择公开上市发行股票，此时企业的股份也就成为了可以在资本市场流通的股票，私募股权投资基金就可以将所拥有的股票转让，以实现投资退出和资本增值。

私募股权投资基金通过上市转让退出，不仅能够获得较高的回报率，而且也有利于投资标的价值的提升。所以，上市转让退出是私募股权投资基金的一种十分理想的退出方式。

根据上市地区不同，IPO上市可以分为境内上市和境外上市。境内上市可以选择的市场有主板、创业板、科创板和新三板；境外上市可以选择的市场比较多，主要包括纽约证券交易所（NYSE）、纳斯达克交易所（NASDAQ）等。下面，对境内上市情况进行分析。

◆国内资本市场概况

从20世纪90年代至今，我国资本市场已经形成了“金字塔”形式的多层次资本市场体系，如图5-1所示。

（1）国内资本市场的组成部分。

我国的资本市场从大的层面可以划分为场内市场和场外市场。其中，场内市场包括上海证券交易所和深圳证券交易所的交易所市场，主板、创业板、科创板、新三板均属于场内市场，是我国资本市场的重要组成部分；场外市场包括区域性股权交易市场、柜台交易OTC等交易所之外的市场。这里我们主要分析的是场内市场的组成部分：

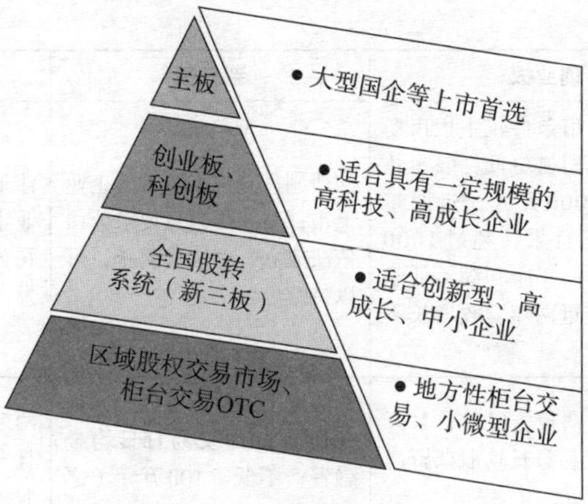

图 5–1　我国的资本市场体系

- 主板：即沪深主板，属于一板市场；
- 创业板：是深交所专属的板块，尤其关注企业的成长性，属于二板市场；
- 科创板：是上交所专属的板块，更加欢迎科技创新型企业，属于二板市场；
- 新三板：即全国中小企业股份转让系统，主要针对未上市的中小微企业，准入门槛相对较低。

其中，创业板、新三板和科创板在我国资本市场的定位具有一定的差异，具体如表5-4所示。

表 5–4　创业板、新三板和科创板的定位差异

分类	创业板	新三板	科创板
成立时间	2009年创立，是深交所专属板块	2006年创立，是独立于沪深股市之外的证券交易场所	2019年创立，是上交所在主板外单独设立的
服务对象	主要针对高科技高成长的中小企业	主要针对创新型、创业型、成长型的中小微企业	主要针对符合国家战略、突破关键核心技术、市场认可度高的科技创新企业

续表

分类	创业板	新三板	科创板
上市要求	注册制，上市条件较主板市场更为宽松，门槛更低：股本总额不低于3000万元，近两年净利润为正且累计超过1000万元，或近一年净利润不低于5000万元且近两年营收增长不低于30%	注册制，允许未盈利的企业上市；新三板则只要求公司依法成立，存续满两年，可以持续经营	注册制，允许未盈利的企业上市；科创板对上市公司的市值、财务指标、研发占比都有一定的要求
投资门槛	两年以上股票投资经验，且开通前20个交易日日均股票资产不低于10万元	两年以上股票投资经验，且开通前10个交易日日均金融资产不低于100万元（之前要求500万元）	两年以上股票投资经验，且开通前20个交易日日均股票资产不低于50万元

（2）主板、创业板、科创板、新三板的区别。

对于企业而言，主板、创业板、科创板、新三板的区别主要体现在以下几个方面：

- 上市门槛：也即对拟上市企业成熟度的要求，从高到低依次为主板>创业板>科创板>新三板；
- 理论风险：也即企业上市后的死亡概率，从高到低依次为新三板>科创板>创业板>中小板>主板；
- 交易风险：也即涨跌停限制与日上下幅度，从高到低依次为新三板>科创板>创业板>主板，需要注意的是新三板不设涨跌停限制，而创业板、科创板日涨跌停需要限制在20%以内；
- 投资者交易门槛：创业板为10万元和两年交易经验，科创板为50万元和两年交易经验，新三板为100万元和两年交易经验。

（3）我国资本市场分析。

在我国的资本市场中，主板与中小板是我国主要的证券交易场所。

- 1990年12月1日，深圳证券交易所诞生；
- 1991年7月3日，深圳证券交易所正式开业；
- 2004年5月17日，证监会批复同意在深交所设立中小企业板；
- 2004年5月27日，深交所中小板启动；
- 2021年2月5日，证监会批准深交所中小板与主板合并；
- 2021年4月6日，深交所主板与中小板合并正式实施。

之所以合并主板和中小板，主要有两个方面的原因：其一是中小板在众多指标上与深市主板界限模糊，其二则是创业板的蓬勃发展淡化了中小板作为过渡板块存在的意义。而主板与中小板合并有助于优化我国资本市场结构。

- 合并后深交所将形成以主板、创业板为主体的市场格局，结构更简洁、特色更鲜明、定位更清晰，可以更好地为处在不同发展阶段、不同类型的企业提供融资服务；
- 合并后深市主板的IPO功能将得以恢复，“深市主板+创业板”的竞争力有望获得明显强化，将与沪市“主板+科创板”的结构形成错位竞争，从而有利于形成更为高效、明晰的多层次资本市场体系；
- 深市主板和中小板合并后，注册制的全面铺开仅剩沪深主板，这也将为后续全面实行股票发行注册制做提前准备；
- 有助于推动资本要素市场化配置，进一步提高资本市场服务实体经济的能力。

2009年10月30日正式上市的创业板是对主板市场的重要补充，在资本市场占有重要的位置。2020年6月创业板注册制正式文件落地，6月15日深交所开始正式受理创业板项目。创业板注册制改革将进一步激发创投行业活跃度。

此外，新三板的设立为创新型中小企业提供了资本市场支持，其还可申请转板至科创板或创业板上市；而科创板的上市对象以科技创新型企业为主体，更能凸显创新性、包容性、成长性。

◆境内首次公开发行上市

境内首次公开发行上市主要包括以下4个阶段。

（1）改制阶段。

在公开发行上市之前，首先需要进行企业改制。此时的企业改制就是以在资本市场公开发行和交易股票为直接目的进行企业改组、资本重构等一系列行为。一般情况下，企业上市过程中的改制需要借助专业机构的协助。在具体改制过程中，首先需要选择证券公司，我们也叫"主承销商"；其次需要在证券公司的协助下选择其他中介机构。

需要注意的是，有限责任公司性质的企业，需要在上市之前的企业改制中修改为股份有限公司，并更换相应的营业执照。

（2）辅导阶段。

由于在上市过程中以及上市后企业可能会面临各种各样的问题，为了帮助企业更好地应对可能出现的问题，根据中国证监会的相关规定，拟公开发行股票的股份有限公司在向中国证监会提出股票发行申请前，均须由具有主承销资格的证券公司进行辅导。所以，辅导阶段也是企业境内首次公开发行上市的必经环节。

根据中国证监会的相关规定，股份有限公司在拟公开发行股票之前，需要经由具有主承销资格的证券公司进行为期一年的辅导，而且辅导的有效期为三年，也就是在此次辅导结束后的三年内，该股份有限公司可以提出股票发行上市申请；如果超过三年，则需要依据相关要求和程序重新聘请具有主承销资格的证券公司进行辅导。在辅导阶段，保荐人[①]及其他中介机构不仅需要对投资标的进行

① 保荐人：依照法律规定，为上市公司申请上市承担推荐职责并为上市公司上市后一段时间的信息披露行为向投资者承担担保责任的证券公司。

尽职调查，还应该辅助企业对公司的治理结构进行必要的完善、对募集资金的使用计划进行分析、对企业的业务发展目标进行明确，还要辅助投资标的准备首次公开发行申请文件。

（3）申报审核阶段。

如果股份有限公司成立运行的时间超过一年，经中国证监会地方派出机构验收符合相关条件，便有资格制作正式申报材料。申报审核阶段的基本流程如表5-5所示。

表5-5　申报审核的基本流程

序号	具体内容
1	中介机构协助拟上市发行股票的企业根据证监会的相关要求制作申请文件，同时保荐机构开展针对企业的目标审核并给出具体的审核意见
2	中国证监会收到申请文件后，根据相关要求决定企业的上市申请是否受理，对于不符合要求的申请文件不予受理
3	如果证监会受理申请文件，那么需要对申请文件的合规性进行初步审核
4	如果证监会受理申请文件，在发行审核委员会审核之前，发行人需要将招股说明书（申报稿）在指定的证监会平台进行披露
5	证监会基于初审结果将意见反馈至保荐机构，然后保荐机构联合中介机构和发行人进行整改，并进行意见回复
6	基于保荐机构的反馈回复，证监会再次进行审核，召开初审会并形成初审报告
7	在受理申请文件后，证监会需在规定的时间内将申请文件以及初审报告交由发行审核委员会进行审核，经审核后予以核准的，需要出具核准公开发行的文件；经审核后不予核准的，需要出具相应的书面意见，并说明具体理由

（4）股票发行上市阶段。

最后的环节就是股票发行上市阶段。通过申报审核阶段发行审核委员会对股票发行申请的核准后，企业便能够获得证监会同意发行的相关批文。

在进行股票发行时，企业的发行人不仅需要在指定的报刊或平台刊登招股说明书及发行公告，还需要组织路演，经过对市场、行业等方面的询价调查，确定企业股票的具体发行价格，然后根据制定的发行方案发行股票，并最终在股票交易所的安排下完成上市发行。

◆**间接上市**

与上述境内首次公开发行上市的形式不同，间接上市主要包括借壳上市和参与上市公司重大资产重组两种方式。投资标的在间接上市后，私募股权投资基金也能够将所持有的该企业的股份或股权转让，并成功退出。

5.2.2 境外上市的操作流程

境外上市是一个与境内上市相对应的概念，指的是“国内股份有限公司向境外投资者发行股票，并在境外证券交易所公开上市”。有境外上市意愿的企业，可以根据自身的实际情况选择直接上市或者间接上市。如果企业已经在境外上市，再次融资时可以采用存托凭证和可转换债券形式上市。

相较于境内上市来说，境外上市所适用的法律的接受范围更广，审批流程更加简单，股票的流通范围更大，股权运作更加方便，而且可以享受税务豁免。境外上市可以选择的市场有很多，企业在选择上市地点时要综合考虑很多因素，包括公司的市场定位、公司自身的比较优势、不同市场的投资者对公司的评估、所聘请的投资银行的承销能力、不同证券交易所的优劣势等。

除此之外，企业还要考虑境外上市需要支付的费用、所能筹集到的资本、能够获得的市场声誉、为了维持挂牌需要付出的成本等。最终，企业选择的上市地点一定是综合考量所有因素、权衡各种利弊的结果。

◆**美国IPO上市流程解析**

美国是我国独角兽企业境外上市的集中地。美国拥有多个证券交易所，可以分为两大类：一是全国性的证券市场，包括纽约证券交易所（NYSE）、全美证券交易所（AMEX）、纳斯达克交易所（NASDAQ）和招示板市场（OTCBB）；二是区域性的证券市场，包括费城证券交易所（PHSE）、太平洋证券交易所（PASE）、辛辛那提证券交易所（CISE）、中西部证券交易所（MWSE）以及芝加哥期权交易所（CBOE）等。不同的证券交易市场对上市企业的要求也不同，但都有一套严格的上市流程。

具体来看，企业想要在美国的证券市场IPO上市，至少要经历以下几步。

（1）选择中介机构。

企业要根据自身的实际情况选择一个合适的中介机构，获得包括财务顾问、资产评估师、土地评估师、国际会计师事务所、境内外律师、物业评估师等在内的各种服务支持。

（2）向境外证监会或交易所提出申请。

国内企业想要在境外上市，首先要获得国内监管机构颁发的批准境外上市的批文，以及律师出具的相关法律意见书；其次向境外交易所提交上市申请，并在美国证券交易委员会登记。整个流程如下：

- 准备登记文件，即注册登记说明书，包括招股书以及注册说明书；
- 熟悉相关规则；
- 填写各种表格；
- 提交登记。

（3）路演及定价。

路演指的是证券发行人在正式发行证券之前，在主要路演地面向潜在投资者开展的巡回推介活动，其目的是增进潜在投资者对证券的了解，让潜在投资者发现证券的价值，了解投资者的投资意向，发现投资者的潜在需求，为证券的成功发行奠定良好的基础。

国际新股发行定价不是由证券发行机构确定的，而是一个高度市场化的过程，需要中介机构与分析师共同参与，经历基础分析、市场调查及路演定价3个阶段。在国际资本市场高度竞争的环境下，在各项信息充分披露的前提下，新股定价一定是公平的。

（4）证券承销。

简单来说，证券承销就是证券发售，即承销商对公司拟发行的股票进行发售。按照不同的分类标准，证券承销可以划分为几种不同的类型。

- 按照承销证券的类别，证券承销可以划分为中央政府和地方政府发行的债券承销，企业发行的债券和股票承销，外国政府发行的债券承销，国际金融机构发行的证券承销等。
- 按照证券发行方式，证券承销可以划分为私募发行承销和公募发行承销，前者指的是面向保险公司、基金公司等机构投资者发行证券；后者指的是面向广大社会公众发行证券。
- 按照承销协议，证券承销可以划分为包销、代销。前者指的是投资银行按照协议约定全部购入发行人的证券，或者在承销期结束后购入剩余证券的承销方式；后者指的是投资银行作为代理机构帮助发行人发售证券，如果证券未全部售出，剩余部分退还发行人的承销方式。目前，大部分承销采用的是包销方式，其优点在于发行人可以将证券未全部售出的风险转嫁给投资银行，缺点在于成本更高，因为发行人必须向投资银行支付更多的报酬。

（5）挂牌上市。

IPO完成后，企业就可以根据与证券交易所签订的协议挂牌上市，上市之后，股票就可以公开流通。

◆日本IPO上市解析

中国香港交易所、纽交所、纳斯达克等一直是中国企业境外上市的热门选择。但近年来，日本市场受到了部分国内企业的关注，被国内企业视为境外上市的“第三条路”。

日本有四大证券交易所，分别是东京证券交易所、名古屋证券交易所、札幌证券交易所、福冈证券交易所，其中成立于1878年的东京证券交易所的知名度最高，市场规模排名全球第四，仅次于纽约证券交易所、纳斯达克证券交易所和伦敦证券交易所，实力不容小觑。

在日本的四大证券交易所中，东京证券交易所和名古屋证券交易所一直占据着主流地位，是企业上市的主要选择。具体来看，东京证券交易所可以细分为4个市场板块，分别是东证一部、东证二部、MOTHERS、JASDAQ，其中东证一部对上市企业的要求最高，上市难度最大，但它对外国企业比较友好，始终欢迎外国企业进入。

因为对于想要建立国际市场的东京证券交易所来说，海外客户流失是一大难题。而海外企业之所以选择在东京证券交易所上市，一个主要原因就是为了获得差额收益。因为企业在东京证券交易所上市的成本比较低，而且初始市值会被高估，仅中间的差价就是一笔可观的收益。这也是我国企业选择在东京证券交易所上市的主要原因。

除此之外，东京证券交易所的新股活跃度非常高、流动性非常好，整体市值也比较高，是亚洲市场上活跃度最高的证券交易所之一。再加上东京证券交易所的MOTHERS市场非常适合初创公司，并且表露出强烈的与AI、大数据、航天业务、医疗保健、互联网广告等领域的初创企业合作的意愿，所以非常适合这些领域的初创企业进行上市尝试。

根据日本相关政策的规定，海外企业想要在日本上市只能通过东京证券交易所，可以选择直接上市，即保留外资身份上市；也可以选择间接上市，即借助日本法人的身份上市。如果选择间接上市，海外企业通常会先在日本市场设立一家公司，待公司规模达到东京证券交易所上市的标准之后再上市。中国企业在日本市场上市也要遵守上述规则。

东京证券交易所下属四大市场的上市标准各有不同。其中东证一部的上市标准最严格，要求上市企业的股东人数超过2200人，连续经营时间超过3年，净资产不少于10亿日元，也就是6018万元人民币，上市时市价总额超过250亿日元。

对于很多海外企业来说，这些条件很难达到。于是，很多企业会先选择标准较低的MOTHERS市场上市，筹集所需资金，待条件成熟后再到东证一部上市。因为海外企业在MOTHERS市场上市，只需要满足3个基本条件，即股东人数超过200人，连续经营时间超过一年，市价总额超过10亿日元，净资产额的多少不会影响上市结果。所以，对于初创企业来说，MOTHERS市场上市的难度要低很多。

5.2.3　上市后股权转让模式

在私募股权投资基金运作过程中，只有当锁定期（限售期）满并符合其他服务的约定条件将所持有的股份经二级市场减持完毕，才意味着此次投资退出的完结。

设置“锁定期”的主要的目的就是保护中小投资者的利益不受损害。在投资过程中，企业的控股股东、实际控制人等拥有企业信息方面的优势，为了预防其利用信息优势进行不正当获利或者通过资本市场快速变现，设置锁定期就成了极为有效的措施。除锁定期方面的限制外，股份上市转让也必须遵循证券交易所的交易机制和规则。

◆竞价交易

竞价交易遵循的是“价格优先”的原则，在规定的时间内以最符合需求的价格（最高买价或最低卖价）成交并在交易市场的组织下签订合同。在证券交易所的竞价交易主要包括连续竞价和集合竞价两种方式。其中，连续竞价即逐笔连续撮合买卖申报；集合竞价则是以时间段为限，一次性撮合该时间段内所有的买卖申报。

在证券交易所的单个交易日内，一般情况下，开市价格是在集合竞价基础上形成的，随后便依据时间或价格等方面的排序，逐笔连续撮合买卖指令竞价成交，进入连续竞价阶段。此外，在证券交易所的单个交易日中，交易价格的涨跌幅度也受到一定的限制。以上一个交易日的收市价格为参照，股票买卖在一个交易日内交易价格的涨跌幅不得超过10%，ST股票和*ST股票的股票价格涨跌幅不能超过5%。

◆**大宗交易**

大宗交易就是大宗买卖，指的是达到规定的最低限额的证券单笔买卖申报，是在证券交易所组织下买卖双方达成一致协议且确定成交的证券交易。

大宗交易具有两个明显的特点，如表5–6所示。

表5–6　大宗交易的两大特点

特点	具体内容
定价十分灵活	大宗交易的性质使得买方和卖方可以就交易价格、数量等进行协商，使得卖方获得更满意的价格，并且不会对股票市场的交易秩序造成较大冲击，有利于市场稳定
成本低且效率高	大宗交易的交易方式与竞价交易不同，委托中介机构基于交易所规定的大宗交易业务办理流程进行办理，所需的经手费用较低，而且交易效率更高

◆**要约收购**

要约收购指的是针对某一上市公司的股份，收购人向所有股票持有人发出购买该公司股票的收购要约。通过要约收购，私募股权投资基金也可以成功退出。

《上市公司收购管理办法》第二十三条规定："投资者自愿选择以要约方式收购上市公司股份的，可以向被收购公司所有股东发出收购其所持有的全部股份的要约，也可以向被收购公司所有股东发出收购其所持有的部分股份的要约。"

《上市公司收购管理办法》第二十四条规定："通过证券交易所的证券交易，收购人持有一个上市公司的股份达到该公司已经发行股份的30%时，继续增持股份的，应当采取要约方式进行，发出全面要约或部分要约。"

◆**协议转让**

协议转让指的是基于事先达成的转让协议，买卖双方向股份上市所在证券交易所和登记机构申请办理股份转让。

从不同的角度看，协议转让又可以划分为不同的类型，如表5–7所示。

表5–7 协议转让的三种类型

划分标准	具体内容
根据转让情形	协议转让可以划分为股份回购、对价偿还及协议收购
根据转让的主体类型	协议转让可以划分为非国有股协议转让和国有股协议转让
根据转让的股份类型	协议转让可以分为非流通股协议转让和流通股协议转让

5.2.4 主板上市转让规定

针对持有IPO前股份的股东减持行为，我国相关的法律法规对转让时间以及转让份额等方面做出了相关规定。比如：

时间方面 《公司法》第一百四十二条规定：“发起人持有的本公司股份，自公司成立之日起一年内不得转让。公司公开发行股份前已发行的股份，自公司股票在证券交易所上市交易之日起一年内不得转让。”

份额方面 根据《上市公司股东、董监高减持股份的若干规定》及交易所《实施细则》的规定，在任意连续3个月内通过集中竞价交易减持股份不得超过公司股份总数的1%，通过协议转让方式减持股份后的6个月内，出让方、受让方在3个月内通过集中竞价交易减持股份不得超过公司股份总数的1%；通过大宗交易方式减持的，转让方在任意连续90日内减持不得超过公司股份总数的2%，受让方在受让后6个月内不得转让。

针对控股股东和实控人的股份减持行为，我国相关的法律法规对转让时间以及转让份额等事项做出了相关规定。比如：

《上海证券交易所股票上市规则（2022年1月修订）》规定："发行人向本所申请其首次公开发行股票上市时，其控股股东和实际控制人应当承诺：自发行人股票上市之日起36个月内，不转让或者委托他人管理其直接和间接持有的发行人首次公开发行股票前已发行的股份，也不得由发行人回购该部分股份。发行人应当在上市公告书中披露上述承诺。"《上市公司股东、董监高减持股份的若干规定》第九条规定："上市公司大股东在三个月内通过证券交易所集中竞价交易减持股份的总数，不得超过公司股份总数的百分之一。"

《上市公司收购管理办法》第七十四条规定："在上市公司收购中，收购人持有的被收购公司的股份，在收购完成后12个月内不得转让。收购人在被收购公司中拥有权益的股份在同一实际控制人控制的不同主体之间进行转让不受前述12个月的限制，但应当遵守本办法第六章的规定。"

《中国证监会关于进一步推进新股发行体制改革的意见》规定："公司上市后6个月内如公司股票连续20个交易日的收盘价均低于发行价，或者上市后6个月期末收盘价低于发行价，持有公司股票的锁定期限自动延长至少6个月。"

针对认购非公开发行股份的股东减持行为，我国相关的法律法规对转让时间以及转让份额等事项做出了相关规定。

根据2020年修改后的《上市公司非公开发行股票实施细则》第7、8条的规定，如认购股份的股东是控股股东、实控人及其控制的关联方，或认购后成为实控人，或者是战略投资者，则其认购股份自发行结束之日起18个月内不得转让。其他股东认购的股份自发行结束之日起6个月内不得转让。

以资产认购股份的股东减持行为，我国相关法律法规对转让时间以及转让份额等事项做出了相关规定。

《上市公司重大资产重组管理办法（2020年修订）》第四十六条规定：“特定对象以资产认购而取得的上市公司股份，自股份发行结束之日起12个月内不得转让；属于下列情形之一的，36个月内不得转让：（一）特定对象为上市公司控股股东、实际控制人或者其控制的关联人；（二）特定对象通过认购本次发行的股份取得上市公司的实际控制权；（三）特定对象取得本次发行的股份时，对其用于认购股份的资产持续拥有权益的时间不足12个月。属于本办法第十三条第一款规定的交易情形的，上市公司原控股股东、原实际控制人及其控制的关联人，以及在交易过程中从该等主体直接或间接受让该上市公司股份的特定对象应当公开承诺，在本次交易完成后36个月内不转让其在该上市公司中拥有权益的股份；除收购人及其关联人以外的特定对象应当公开承诺，其以资产认购而取得的上市公司股份自股份发行结束之日起24个月内不得转让。”

5.2.5 创业板上市转让规定

持有IPO前股份的股东减持行为，我国相关法律法规对转让时间以及转让份额等事项均做出了相关规定。

《公司法》第一百四十一条规定，在一般情况下，自发行人股票上市之日起12个月内不得转让。

《深圳证券交易所创业板股票上市规则》规定，控股股东、实控人自公司股票上市之日起36个月内，不得转让或委托他人管理。转让双方存在控制关系或受到同一实控人控制的，锁定期为12个月。

如果是突击入股股东减持行为，我国相关法律法规对转让的时间以及份额等事项做出了相关规定。

根据证监会2019年发布的《首发业务若干问题解答》，申报前6个月内增资入股的，自发行人完整增资扩股工商变更登记手续之日起锁定3年；申报前6个月内从控股股东或实控人处受让的股份，应当比照控股股东或实际控制人所持股份进行锁定。

认购非公开发行股份的股东减持行为，我国相关的法律法规对转让时间及转让份额等事项做出了相关规定。

根据2020年修订的《创业板上市公司证券发行管理暂行办法》第十六条规定，如认购股份的股东是控股股东、实控人及其控制的关联方，则其认购股份自发行结束之日起18个月内不得转让；其他股东认购的股份，自发行结束之日起6个月内不得转让。

新三板转板上市公司股东减持的，根据《中国证监会关于全国中小企业股份转让系统挂牌公司转板上市的指导意见》，在计算挂牌公司转板上市后的股份限售期时，原则上可以扣除在精选层已经限售的时间。

5.2.6　科创板上市转让规定

持有IPO前股份的股东减持行为，我国相关的法律法规对转让时间及转让份额等事项做出了相关规定。

根据《公司法》第一百四十一条的规定，一般情况下，上市交易之日起1年内不得转让。

根据《上海证券交易所科创板股票上市规则》的规定，控股股东、实控人自公司股票上市之日起36个月之内，不得转让或委托他人管理，转让双方存在控制关系或受同一实控人控制的，自发行人股票上市之日起12个月后，可豁免遵守这项规定。

突击入股股东减持行为，我国相关的法律法规对转让时间以及转让份额等事项做出了相关规定。

《上海证券交易所科创板股票发行上市审核问答（二）》规定，一是申报前6个月内增资入股的，自发行人完成增资扩股工商变更登记手续之日起锁定3年；二是申报前6个月内从控股股东或实控人处受让的股份，应比照控股股东或实际控制人所持股票进行锁定。

控股股东、实控人（一致行动人所持股份合并计算）减持行为，我国相关的法律法规对转让时间以及转让份额等事项做出了相关规定。

根据《上海证券交易所科创板股票上市规则》的规定，公司上市时未盈利的，在公司实现盈利前，控股股东、实控人自公司股票上市之日起3个完整会计年度内，不得减持首发前股份；自公司股票上市之日起第四个会计年度和第5个会计年度内，每年减持的首发前股份不得超过公司股份总数的2%。公司实现盈利后，可以自当年年度报告披露后次日起减持首发前股份。

向特定对象发行的股票减持行为，我国相关的法律法规对转让时间以及转让份额等事项做出了相关规定。

《科创板上市公司证券发行注册管理办法（试行）》第五十九条规定，通过认购本次发行的股票取得上市公司实际控制权的投资者，则其认购股份自发行结束之日起18个月内不得转让。其他发行对象认购的股份，自发行结束之日起6个月内不得转让。

询价转让股份减持的行为，我国相关法律法规对转让时间以及转让份额等事项做出了相关规定。

《上海证券交易所科创板上市公司股东以向特定机构投资者询价转让和配售方式减持股份实施细则》第六条规定，转让方为控股股东、实控人的，不得在科创公司定期报告公告前30日内，业绩预告或业绩快报公告前10日内，价格敏感重大事件发生至披露后2个交易日内，或处于年度报告披露期内但尚未披露等情形下进行询价转让。

《上海证券交易所科创板上市公司股东以向特定机构投资者询价转让和配售方式减持股份实施细则》第二十一条规定，受让方通过询价转让受让股份的，在受让后6个月内不得转让。

科创板转板上市公司股东减持的，根据《中国证监会关于全国中小企业股份转让系统挂牌公司转板上市的指导意见》，限售期原则上可以扣除在精选层已经限售的时间。

5.2.7 北交所上市交易规则

北京证券交易所（以下简称北交所）是经国务院批准设立的中国第一家公司制证券交易所，受中国证监会监督管理，于2021年9月3日注册成立，11月15日开市。北交所的设立对我国股市有着深远影响，下面对北交所的上市规则与交易规则进行具体分析。

◆**北交所上市规则**

（1）上市前提条件。

- 申请北交所IPO企业，必须首先在新三板挂牌，而且挂牌必须满12个月；
- 申请北交所IPO的“时点”，必须是创新层企业，但并非要求在创新层待够12个月。

（2）上市基础条件。

- 公开发行后，公司股东人数不少于200人，公众持股25%或10%；
- 公开发行后，公司股本总额不少于3000万元；
- 最近一年期末净资产不低于5000万元；
- 公开发行的股份不少于100万股，发行对象不少于100人。

（3）上市4个标准（满足其中一项即可）。

- 市值不低于2亿元，最近两年净利润均不低于1500万元且加权平均净资产收益率平均不低于8%，或者最近一年净利润不低于2500万元且加权平均净资产收益率不低于8%；
- 市值不低于4亿元，最近两年营业收入平均不低于1亿元，且最近一年营业收入增长率不低于30%，最近一年经营活动产生的现金流量净额为正；
- 市值不低于8亿元，最近一年营业收入不低于2亿元，最近两年研发投入合计占最近两年营业收入合计比例不低于8%；
- 市值不低于15亿元，最近两年研发投入合计不低于5000万元。

◆北交所交易规则

（1）交易方式。

● 北交所发布的《交易规则》明确规定的交易方式包括竞价交易、大宗交易。至于盘后固定价格交易、协议转让，北交所另行规定。经证监会批准，竞价交易可以引入做市商机制。

● 市价申报的适用条件：证券有价格涨跌幅限制，交易在连续竞价期间发生，包括对手方最优价格申报、本方最优价格申报、最优5档即时成交剩余撤销申报、最优5档即时成交剩余转限价申报及其他类型的申报。市价申报采取价格保护措施。

● 限价申报要符合以下条件：①买入申报价格不高于买入基准价格的105%，或者买入基准价格以上10个最小价格变动单位（以最高者为准）；②卖出申报价格不低于卖出基准价格的95%，或者卖出基准价格以下10个最小价格变动单位（以最低者为准），开市期间临时停牌段的限价申报不适用于本规则。

● 单笔申报数量≥100股，可以零数增加。

（2）涨跌幅限制。

北交所规定股票交易价格的涨跌幅不能超过30%；如果某股票符合下列情形之一，可以不遵守涨跌幅限制规则：

● 向不特定合格投资者公开发行的股票上市交易首日；

● 退市整理期首日；

● 中国证监会或北交所规定的其他情形。

（3）盘中临时停牌。

不受价格涨跌幅限制的股票在竞价交易过程中出现下列情形之一的，可能会被北交所实施盘中临时停牌：

- 盘中交易价格较当日开盘价首次上涨或下跌≥30%；
- 盘中交易价格较当日开盘价首次上涨或下跌≥60%。

单次临时停牌不超过10分钟，如果股票停牌时间超过14：57，要在14：57复牌集合竞价，再进行收盘集合竞价。

◆退市制度

如果上市公司的财务状况出现异常，或者出现其他异常情况，导致股票存在被强制退市的风险，北交所就会对该公司的股票实施风险警示，在公司股票简称前面添加“*ST”字样。如果北交所对某公司做出强制终止上市决定，且该公司没有在规定时间内提出复核申请，那么从申请复核期满后的第6个交易日起，该公司的股票复牌，进入退市整理期，并在第二十一个交易日终止上市。

如果公司提出复核申请，北交所依然决定终止其上市，那么从北交所做出维持终止上市决定后的第 6 个交易日起，该公司的股票复牌，进行退出整理期，并在退市整理期满后的第2个交易日终止上市。如果股票进入退市整理期，北交所会对股票进行特殊标识，将其简称为“××退”。

北交所规定的退市整理期为15个交易日。如果公司股票在退市整理期全天停牌，停牌时间不计入退市整理期，但停牌天数不能超过5个交易日。股票终止上市之后，如果符合全国股转系统挂牌条件或者可以进入创新层的，可以转入相应层级挂牌交易；如果不符合全国股转系统挂牌条件，且股东数量超过200人的，转入全国股转公司代为管理的退市公司板块，然后按规定办理股份转让与信息披露等事宜。

5.3　挂牌转让退出

5.3.1　全国股转系统挂牌的基本要求

私募股权投资基金通过挂牌转让的方式退出主要在场外市场进行。目前，我国的场外市场主要包括柜台交易市场、第三市场（NEEQ）、第四市场（区域性股权交易市场）。

第三市场，俗称“新三板”，指全国中小企业股份转让系统（NEEQ），简称“全国股转系统”。与上交所、深交所不同的是，全国中小企业股份转让系统由全国中小企业股份转让系统有限责任公司运营。

全国中小企业股份转让系统的主要服务对象是兼具成长型、创业型和创新型的中小企业。NEEQ不仅可以为企业发展所需的融资、估值以及股权流动等提供支持，同时也是企业展示自我的重要平台，是主板和创业板的蓄水池和孵化器。目前，全国中小企业股份转让系统已经成为我国多层次资本市场必不可少的组成部分，全国股转系统挂牌股份转让退出也成为私募股权投资基金的主要退出方式之一。

对于股份有限公司性质的企业来说，其在全国股转系统挂牌需要符合的主要条件如下：

- 依法成立且存续的时间超过两年，如果企业为有限责任公司变更而来，那么存续时间可以从有限责任公司的成立时间开始计算；
- 企业的主营业务明确，具有良好且能够持续经营的能力；
- 企业的治理机制健全，能够在遵守我国法律法规的前提下规范经营；
- 企业的股权结构明晰，相关的股票发行和转让等行为均合法合规；
- 企业得到主办券商的推荐以及长期督导；
- 全国股转系统的其他有关要求。

区域性股权交易市场与全国中小企业股份转让系统一样，也是我国多层次资本市场的重要组成部分。区域性股权交易市场简称“区域股权市场”，主要服务对象是特定区域内的中小微企业，能够为企业提供融资以及股权、债权转让等资本方面的服务，对增强实体经济、激活民间资本、鼓励科技创新等，均具有一定的积极作用。值得一提的是，区域性股权交易市场需要受到中国证监会和派出机构的指导，并接受区域所在省级政府部门的监管。

企业在区域性股权市场挂牌需要满足下列条件：

- 存续满一年的非上市股份有限公司；
- 法人治理结构健全，运作规范；
- 股权结构清晰，股份发行及转让行为合法合规；
- 业务基本独立，具有持续经营能力；
- 由区域股权市场推荐机构推荐并持续督导。

5.3.2 全国股转系统挂牌的基本流程

全国股转系统挂牌的基本流程一般包括决策改制阶段、材料制作阶段、反馈审核阶段和登记挂牌阶段，这4个阶段的工作重点有所不同。

◆决策改制阶段

在决策改制阶段，企业需要选择合适的中介机构，并配合中介机构进行相关调查，在调查完成后确定改制基准日，将企业性质变更为股份有限公司。在决策改制阶段，企业的工作重点为股份改制，具体工作内容如下：

- 召开企业股东会，并就改制达成一致意见；
- 到相应的工商管理机构办理名称预先核准；

- 出具决策改制所需的改制审计报告及改制评估报告；
- 聘请律师就与企业改制相关的重大法律事项进行审查；
- 召开企业股东会，并就改制内容达成一致意见；
- 签署相关的发起人协议；
- 邀请验资机构进行验资，并出具对应的验资报告；
- 召开股份公司创立大会、第一届董事会第一次会议以及第一届监事会第一次会议；
- 办理股份公司的设立手续。

◆材料制作阶段

在材料制作阶段，主要的工作内容包括：

- 召开企业股东会和董事会，就在全国股转系统挂牌的相关决议和方案进行审议；
- 制作相关的挂牌申请文件；
- 由主办券商启动内部审核工作；
- 向全国股权系统报送挂牌申请及相关材料。

◆反馈审核阶段

在反馈审核阶段，企业需要配合全国股转系统的审核工作，并就给出的审核意见进行反馈。反馈审核阶段的工作流程如下：

- 基于《全国中小企业股份转让系统挂牌申请文件内容与格式指引（试行）》以及《全国中小企业股份转让系统业务规则（试行）》等相关规定，企业将挂牌（或股票发行）申请材料经过接收申请材料服务窗口向全国股份转让系统进行提交，然后全国股转系统检查申请材料是否完整、齐备，并根据检查情况出具接收确认单；

- 全国股转系统就需要进一步检查落实、解释清晰以及补充披露的问题进行说明，并撰写书面反馈意见，经服务窗口告知、送达申请人及主办券商；
- 申请人在接收反馈意见后，在要求的时间内回复所有的反馈问题；
- 全国股转系统就股份公司申请的挂牌同时发行、挂牌公司申请股票发行等事项出具同意与否的审查意见，并由服务窗口将审查意见送达相应的申请人及单位。

◆登记挂牌阶段

在企业挂牌申请审核通过以后，登记挂牌阶段的主要工作包括分配股票代码、办理股份登记存管以及公司挂牌等，这些工作企业均需要在券商的协助下完成。

5.3.3 全国股转系统挂牌后的退出方式

全国股转系统挂牌后的退出方式主要有协议转让和做市转让两种。此外，经中国证监会审批通过的其他转让方式，也能够被应用到私募股权投资基金的退出机制中。

◆协议转让

协议转让又可以分为两种方式，分别是委托和成交，如表5-8所示。

表5-8 协议转让的两种方式

两种方式	具体内容	
委托方式	成交确认委托	首先买卖双方基于共同的约定达成成交协议，其次委托主办券商向指定对象发送确认成交指令
	定价委托	投资方委托主办券商设置相应股票的数目及单价，并将相关的交易信息在交易大盘中进行公开显示，但没有确定的交易对象

续表

两种方式		具体内容
成交方式	收盘自动匹配成交	在每个收盘日的特定时间（15:00），将价格相同而交易方向相反的交易对手自动进行撮合
	互报成交确认申报	买卖双方就数量、价格及约定号等进行共同商议，然后把协议结果提交至股转中心，以实现交易
	点击成交	是对上述定价委托的完成

◆做市转让

做市转让指的是通过做市商在全国股转系统持续发布买卖双向报价，并在相应的报价价格和数量范围内履行与投资者的成交义务，是一种与协议转让有较大区别的转让方式。

在做市转让过程中，做市商的职责如表5–9所示。

表5–9 做市商在做市转让过程中的职责

序号	具体职责
1	为挂牌公司提供并购、融资等资金活动方面的便利，有效提升融资效率
2	为挂牌公司进行股权质押融资、申请银行贷款以及引入外部投资者等提供定价方面的参考
3	为挂牌公司提供较为专业的报价服务和估值服务

5.3.4 全国股转系统股权转让法律规定

针对发起人股东减持的减持行为，我国相关的法律法规对转让时间以及转让份额等事项做出了相关规定。

根据《公司法》第一百四十一条的规定，自股份有限公司成立之日起1年内不得转让股权。

针对持股10%以上的股东减持行为，我国相关法律法规对转让时间及转让份额等事项做出了相关规定。

《非上市公司公司收购管理办法》第十三条规定："通过协议方式，投资者及其一致行动人拥有权益的股份达到公众公司已发行股份的10%后，其拥有权益的股份占该公众公司已发行股份的比例每增加或者减少5%（即其拥有权益的股份每达到5%的整数倍时），应当依照前款规定进行披露。自该事实发生之日起至披露后2日内，不得再行买卖该公众公司的股票。"

《全国中小企业股份转让系统股票向不特定合格投资者公开发行并在精选层挂牌规则（试行）》第十七条规定："本次发行前直接持有10%以上股份的股东虽未直接持有但可实际支配10%以上股份表决权的相关主体持有或控制的股票，自在精选层挂牌之日起12个月之内不得转让或委托他人代为管理。"

针对控股股东、实控人减持的减持行为，我国相关法律法规对转让时间及转让份额等事项做出了相关规定。

《全国中小企业股份转让系统业务规则（试行）》第2.8条规定，在挂牌前直接或间接持有的股票分三批转让限制，每批解除转让限制的数量，均为其挂牌前所持股票的1/3，解除转让限制的时间分别为挂牌之日、挂牌期满1年和2年。

《非上市公众公司收购管理办法》第十八条规定："按照本办法进行公众公司收购后，收购人成为公司第一大股东或者实际控制人的，收购人持有的被收购公司股份，在收购完成后12个月内不得转让。收购人在被收购公司中拥有权益的股份在同一实际控制人控制的不同主体之间进行转让不受前述12个月的限制。"

《北京证券交易所股票上市规则（试行）》第2.4.2条规定："上市公司控股股东、实际控制人及其亲属，以及上市前直接持有10%以上股份的股东或虽未直接持有但可实际支配10%以上股份表决权的相关主体，持有或控制的本公司向不特定合格投资者公开发行前的股份，自公开发行并上市之日起12个月内不得转让或委托他人代为管理。"

针对突击入股股东的减持行为，我国相关法律法规对转让时间及转让份额等事项做出了相关规定。

《全国中小企业股份转让系统业务规则（试行）》第2.8条规定，在挂牌前直接或间接持有的股票分三批转让限制，每批解除转让限制的数量均为其挂牌前所持股票的1/3，解除转让限制的时间分别为挂牌之日、挂牌期满1年和2年。

除执行《公司法》《创业板上市规则》的限售规定外，根据《上海证券交易所科创板股票发行上市审核问答（二）》的规定，相关股东应承诺：

“股份锁定方面，控股股东和实际控制人持有的股份上市后锁定3年；申报前6个月内进行增资扩股的，新增股份的持有人应当承诺：新增股份自发行人完成增资扩股工商变更登记手续之日起锁定3年。在申报前6个月内从控股股东或实际控制人处受让的股份，应比照控股股东或实际控制人所持股份进行锁定。控股股东和实际控制人的亲属所持股份应比照该股东本人进行锁定。”

针对精选层战略配售的股东减持行为，我国相关法律法规对转让时间及转让份额等事项做出了相关规定。

《全国中小企业股份转让系统股票向不特定合格投资者公开发行并在精选层挂牌规则》第十七条规定：“参与战略配售取得的股票，自在精选层挂牌之日起6个月内不得转让或委托他人代为管理。”

针对以资产认购股份的股东减持行为，我国相关法律法规对转让的时间及份额等事项做出了相关规定。

《非上市公众公司重大资产重组管理办法》第26条规定：“本次重大资产重组涉及发行股份的，特定对象以资产认购而取得的公众公司股份，自股份发行结束之日起6个月内不得转让；属于下列情形之一的，12个月内不得转让：特定对象为公众公司控股股东、实际控制人或者其控制的关联人；特定对象通过认购本次发行的股份取得公众公司的实际控制权；特定对象取得本次发行的股份时，对其用于认购股份的资产持续拥有权益的时间不足12个月。”

5.4 协议转让退出

5.4.1 协议转让退出的概念

协议转让退出针对的是未上市企业股权的一种非公开的退出方式。

在并购退出的具体操作过程中，除私募股权投资基金外的其他收购方将基金原先持有的目标公司的部分或全部股权收购之后，才意味着私募股权投资基金的成功退出。而回购退出需要投资标的的员工、管理层、创始股东或大股东购买私募股权投资基金原先持有的股权，购买完成后才意味着私募股权投资基金的成功退出。

由于投资标的的发展情况及回购的意图有所不同，回购退出的情形也存在一定的差别。当投资标的成长顺利、拥有良好的发展潜力时，投资标的的股东可以与股权投资方就股权回购事项达成一致意见，保证私募股权投资基金能够顺利退出；当投资标的的成长状况或收益未达到预期、投资标的无法满足投资协议中的某些条款时，股权投资方可以基于协议约定要求投资标的的股东回购其持有的股权，以保证私募股权投资基金成功退出。

5.4.2　并购退出的操作实务

由于协议转让退出针对的是未上市企业，包括未上市的有限责任公司和未上市的股份有限公司。根据《公司法》的相关规定，有限责任公司的并购退出主要包括内部转让和外部转让。

内部转让就是企业现有股东之间的股权转让；外部转让就是与企业现有股东之外的其他个体相关的股权转让。需要注意的是，如果公司章程并未做出相应约定，那么有限责任公司的外部转让需要经过企业半数以上股东的同意。

并购退出的操作需要遵循的基本流程如表5–10所示。

表5–10　并购退出的基本流程

序号	具体内容
1	与股权转让相关的交易双方需要进行协商并达成初步意向。股权转让的转让方与受让方就具体事宜进行谈判，达成一致意见后签署股权转让意向书。此外，就双方的保密义务、股权受让方所拥有的独家谈判权等进行约定
2	股权受让方发起针对投资标的的调查。基于双方签订的股权转让意向书，股权受让方可以聘请尽调、财务以及法律等领域的专业机构对投资标的进行相关调查
3	履行与股权转让相关的法律程序。基于《公司法》等相关规定进行股权转让，股权转让的实施应经过相应政府主管部门的批准
4	与股权转让相关的交易双方进行谈判并签署股权转让协议
5	变更出资证明书并修改相关内容。在股权转让协议签署完成后，目标公司需要就股权转让对应的事项变更或注销此前的出资证明书，并对企业股东名册以及公司章程等文件中的相关内容进行修改

5.4.3　回购退出的操作实务

由于回购退出需要投资标的的创始股东或大股东、管理层、员工参与购买私募股权投资基金原先持有的股权，所以依据购买方的不同，回购退出可以分为股东回购、管理层回购（MBO）和员工收购（EBO）三种类型。

其中，股东回购是回购退出中最为常见的一种类型，指的是目前企业的股东在满足回购条件的情况下，筹集资金对私募股权投资基金原先持有的部分或全部股权进行回购；管理层回购指的是目前企业的管理层在满足回购条件的情况下，筹集资金对私募股权投资基金原先持有的部分或全部股权进行回购；而员工回购指的是企业员工集体出资对私募股权投资基金原先持有的部分或全部股权进行回购。

回购退出一般包括4个基本环节，如表5–11所示。

表5–11　回购退出的操作环节

四个环节	具体内容
发起环节	股权转让方与受让方围绕股权回购的可行性进行评估，在双方达成初步统一的意见后发起股权回购要约。此处的发起方可以是投资标的的股东或管理层，也可以是股权投资方
协商环节	就股权回购的价格以及融资方式等进行协商，并由股权转让双方签署《股权转让协议》。在这个环节中，股权受让方需要就股权回购相关的资产评估、审计、融资安排、价格谈判等事项做好准备
执行环节	即股权回购的主要实施过程。根据相关规定，股权回购需要经过政府主管部门的批准后方可实施，股权受让方需要基于协议约定向私募股权投资基金支付议定的回购金额
变更登记环节	在股权回购执行完成后，投资标的需要向对应的登记机关提交修改后的公司章程或公司章程修正案，并在工商行政管理部门办理变更登记

5.5　清算退出

5.5.1　解散清算VS破产清算

清算指的是企业的经营活动结束后对企业的剩余财产进行处理和分配的程序。因此，清算退出就是私募股权投资基金基于投资标的的清算而实现的退出。与以上提到的退出机制相比，清算退出意味着投资活动失败。

根据具体运作过程的不同，清算退出可以分为解散清算和破产清算两种方式。

◆解散清算

解散清算往往是因为经营期满或其他方面的原因导致企业无法继续经营而进

行的清算。导致解散清算的原因主要包括：

- 基于公司章程，企业经营期满或出现了其他解散事由；
- 由企业的股东大会通过决议而解散；
- 因公司合并或者分立需要解散；
- 由于某些方面的原因，企业被责令关闭或吊销营业执照等；
- 公司经营不善、面临严重困难，如果继续经营可能给股东权益带来更大损失，且企业无法获得有效的解决途径，经10%以上的股东表决通过由法院支持解散。

需要说明的是，由于企业的性质不同，清算组的成员构成也存在一定的差异。如果进行解散清算的企业为股份有限公司，那么由董事会或股东大会指定成员组成清算组；如果进行解散清算的企业为有限责任公司，往往由企业股东组成清算组。

◆破产清算

破产清算往往是企业面临较为严重的经营困难无法清偿到期债务，而且企业所拥有的资产不足以对所有的债务进行清偿或清偿能力明显不足，由法院宣告企业破产并组织进行的清算。

5.5.2 清算退出的操作实务

私募股权投资基金在终止与投资人等相关方的法律关系之前，要对相关财产进行清点、核实与处理，这个过程就是清算。行业协会围绕私募股权投资基金的清算出台了很多法律法规，私募股权投资基金管理人在对基金的财产进行归集分配、发布清算公告、制作清算报告时必须严格遵守这些规定，并将相关信息报送行业协会进行备案。

私募股权投资基金有三种组织形式，分别是信托型私募股权投资基金、有限合伙型私募股权投资基金、公司型私募股权投资基金。不同组织形式的私募股权投资基金在选择清算法规时的侧重点也不同，具体来看要遵守以下两大原则：第一，所选择的清算法规要适用于组织形式，具体包括《合伙企业法》《公司法》；第二，所选择的清算法规要适用于相关的金融产品，具体包括《证券投资基金法》《私募投资基金监督管理暂行办法》以及中国基金业协会的相关自律规则等。

◆私募股权投资基金的清算步骤

（1）决定终止基金。

在私募股权投资基金清算之前，基金管理人首先要明确基金清算原因，其次再决定终止基金。一般来讲，促使私募股权投资基金管理人做出基金清算决定的原因有很多，具体可以分为三大类：

- 根据基金合同的原有规定决定终止基金，如基金存续期届满且未延期；
- 根据法律规定决定终止基金，如基金载体不具备合法持续经营条件；
- 根据投资人的后期选择决定终止基金，如当事人按照合同约定经过协商一致决定终止基金等。

另外，对于合伙经营企业来说，《合伙企业法》对其不再经营的原因做出了具体描述，包括：

- 经营期满，合伙人经过协商一致决定不再经营；
- 合同约定的解散事由出现；
- 合伙人已不具备法定人数满三十天；
- 约定的合伙目的已经实现或者无法实现；
- 依法被吊销营业执照、责令关闭或者被撤销。

《公司法》与《合伙企业法》关于基金终止的规定比较相似,《证券投资基金法》对基金终止的规定有所不同，除上面几个条件外，还包括：

- 基金份额持有人大会决定终止；
- 基金管理人、基金托管人职责终止，即如果私募基金在6个月内没有找到新的基金管理人与托管人则自动进入终止程序。

在明确了基金清算原因之后，下一步就是明确基金清算的关键时间节点，主要包括基金终止日、清算开始日期、清算截止日期。

- 基金终止日：根据基金终止方式，一般会将基金存续期届满当日，或者基金份额持有人大会经过商议确定的日期作为基金终止日。
- 清算开始日期：清算开始日期也有两种确定方式，一种是将基金终止日当日作为清算开始日期，另一种是将基金合同中约定的日期作为清算开始日期，这个日期要在基金终止日之后。
- 清算截止日期：基金清算完成并将相关款项全部支付给投资者的日期。

（2）确定清算组（清算人）。

清算人的主要职责是负责基金资产的保管、清理、估价、变现和分配，在必要的情况下可以依法开展一些民事活动。

一般情况下，基金清算由基金管理人与基金托管人负责，这两类人就构成了基金清算组。如果是公司型私募股权投资基金与有限合伙型私募股权投资基金，清算组成员的确定要遵守《公司法》《合伙企业法》的相关规定，同时要考虑基金合同对清算人的有关约定。

具体来说就是，信托型私募股权投资基金的清算组由基金管理人和基金托管人构成；有限合伙型基金与公司型基金的清算组要按照合伙协议与公司章程确定。在具体实践中，为了保证基金清算顺利完成，基金清算组成员必然要包括基金管理人。

（3）清算组（清算人）核算、清理基金财产。

进入这一阶段，基金应该已经退出所有的投资项目，完成变现，用来偿付相关费用与债务，并向投资人分配其应得的利益。如果在清算时基金无法退出投资项目，那么清算人要对这部分非现金资产进行评估，向投资人进行非现金分配。

（4）履行债权人申报和发布清算公告义务。

有限合伙型私募股权投资基金与公司型私募股权投资基金在清算时，要按照《合伙企业法》与《公司法》的相关规定履行债权人申报程序。具体来讲就是，清算人自被确定之日起十日内要向债权人发送通知书，告知基金终止事宜，并在六十日内通过报纸发布公告。债权人自收到通知书之日起三十日内，如果没有收到通知书的，那么就从公告发布之日起四十五日内，向清算人申报自己对基金的债权。清算人收到申报之后要做好登记。

在基金清算阶段，基金管理人要制作基金产品清算公告，并以邮件的形式将该公告发送给投资者，同时抄送给基金托管人。为了对基金清算事宜进行全面了解，为清算备案反馈与核查做好准备，投资者要签署基金终止确认函或者基金清算确认函，或者就基金清算公告中不明白的事宜向基金管理人回函。

（5）清算组（清算人）编制清算报告。

基金清算报告主要包括基金的基本情况、清算原因、相关清算时点、清算过程、资产归集处置情况、资金分配安排、清算结果等内容。报告编制主要由基金管理人负责，要在申报与公告工作完成后进行。如果基金合同对清算报告的内容做出了约定，那么报告编制要按照约定的内容进行。

清算报告编制完成后，清算人要将其发送给清算协调人，即基金托管人和外部服务机构等。基金托管人会按照清算报告编制托管账户销户申请，并对基金资产进行划拨，所以清算报告编制的科学性与合理性非常重要。为了保证清算报告编制无误，基金托管人、外部服务机构等主体会对清算报告及基金资产分配方案进行审核。

（6）基金清算备案。

基金清算备案发生在清算报告编制完成之后，需要在中国证券投资基金业协会的“资产管理业务综合报送平台”完成。根据《私募投资基金管理人登记和基金备案办法（试行）》，如果基金要清盘或者清算，基金管理人要在5个工作日内向中国证券投资基金业协会报告，否则会因为未按规定及时填报业务数据被责令改正。

为了避免这种情况发生，基金终止后，基金管理人要及时登录“资产管理业务综合报送平台”完成基金清算备案，以终止自己对基金的管理职责。根据中国证券投资基金业协会的要求，在基金清算备案的过程中，基金管理人要上传基金清算报告、更新投资者的信息、填写基金清算情况表、上传盖有公章的基金清算承诺函、按照系统要求填写相关信息。

（7）工商注销登记。

工商注销登记针对的是有限合伙型与公司型基金产品。基金清算需要投资人签署很多文件，包括投资人决议、清算报告、公司/有限合伙企业注销的决议文件。为了保证注销过程顺利进行，基金管理人要提前与投资人就相关事宜进行沟通，并提前准备好文件。如果工商注销登记没能顺利完成，虽然基金管理人不再享有基金管理的职责与义务，但会留下有限合伙企业或公司的空壳无法处置，给后续管理造成很多麻烦。

（8）保存清算材料。

私募股权投资基金管理人、托管人及销售机构，应该按照《私募投资基金监督管理暂行办法》对私募基金投资决策、交易和投资者适当性管理等方面的记录及材料进行保存，保存期限从基金清算终止日开始计算，时间不少于十年。同时，私募股权投资基金管理人还要保存私募基金财产清算账册及文件，时间也是从基金清算终止日开始计算，不少于十年。

私募股权投资基金管理人必须重视私募基金清算工作，并且要不折不扣地完成相关事宜。因为如果基金没有经过清算就终止，那么基金的管理人与投资人、基金与债权人及债务人之间的关系就无法终结，私募股权投资基金管理人可能要面临投资人与债权人的权利主张，严重的情况下还有可能因为没有很好地履行私募股权投资基金管理职责，导致投资人的利益受到损害而受到监管部门的行政处罚。

◆基金清算退出要求

在基金清算退出的实践中，有时基金管理人对清算的积极性较低，往往采用拖延战术应对已经逾期或不予立案的基金清算。在我国的相关法律法规中，针对这类情形明确了基金管理人的清算义务，不仅有利于推动基金管理人在投后管理及基金清算工作中的投入，更能够进一步维护投资人的合法权益不受损害。

例如，对于已经在中国证券投资基金业协会备案且即将到期的私募股权投资基金产品或中国证券投资基金业协会不予备案的私募股权投资基金产品，基金管理人的清算义务可以参考：

2019年12月发布的新版《私募投资基金备案须知》第二十八条规定：“基金合同应当明确约定基金合同终止、解除以及基金清算的安排。对于协会不予备案的私募投资基金，管理人应当告知投资者，及时解除或终止基金合同，并对私募投资基金财产清算，保护投资者的合法权益。管理人在私募投资基金到期日起的3个月之内，仍未通过中国证券投资基金业协会资产管理业务综合报送平台（AMBERS）系统完成私募投资基金的展期变更或提交清算申请的，在完成变更或提交清算申请之前，协会将暂停办理该管理人新的私募投资基金备案申请。”

第6章　尽职调查

6.1　企业基本情况调查

6.1.1　尽职调查的目的、流程与原则

尽职调查又称为谨慎性调查，指的是投资基金与投资标的达成合作意向之后，经投资标的同意基金管理人对投资标的的经营数据、管理人员背景、资金状况、管理状况、技术状况、市场状况等进行全方位调查，整个过程可能需要3~6个月的时间。

◆尽职调查的目的

基金管理人之所以要对投资标的开展尽职调查，主要是因为双方掌握的信息不对称。基金管理人想要全面了解投资标的的情况，必须开展专业、详尽的调查。

（1）发现项目或企业的内在价值。

基金管理人与融资企业往往站在自己认为正确的角度对企业的内在价值进行分析，导致对企业的估值存在较大偏差，基金管理人可能低估企业的内在价值，被投企业可能高估企业的内在价值。因为影响企业内在价值的因素有很多，包括企业目前财务账面价值及企业未来的收益。为了对企业内在价值做出合理评估，

基金管理人必须开展尽职调查。

（2）判明潜在的致命缺陷及其对预期投资的可能影响。

投资活动面临着诸多风险，尽职调查是控制风险的第一步。无论什么类型的投资项目，也无论项目背靠什么公司，都会存在各种各样的风险。例如，被投企业提供的财务数据造假；被投企业获得融资后核心员工、供应商、客户离开；被投企业提供的资产不具备应有的价值；被投企业的运营活动、财务运作可能受到不利因素的影响；被投企业的股权结构存在瑕疵等。尽职调查是提前识别这些风险的重要一步。

（3）为投资方案设计做好准备。

融资企业对自身可能面临的风险非常了解，而基金管理人对这些信息知之甚少。因此，基金管理人必须通过尽职调查来弥补这一信息鸿沟，明确投资项目面临的风险，围绕风险应该由哪方承担进行谈判，并对继续投资活动或者停止投资活动的条件进行明确。

◆尽职调查的流程

尽职调查的内容非常多，调查对象的数量也各不相同，每一个尽职调查项目都有自己独有的特点。尽职调查的具体流程如下：立项→成立工作小组→拟订调查计划→整理汇总资料→撰写调查报告→内部复核→递交汇报→归档管理→参与投资方案设计。在这个过程中需要注意以下三点：

（1）立项后，专业人员加入工作小组开始实施尽职调查。

（2）在了解投资标的，熟悉投资标的组织架构的基础上拟订尽职调查计划。

（3）对尽职调查报告进行复核并提交。

◆尽职调查的方法

尽职调查可以采用以下五种方法，如表6–1所示。

表 6–1　尽职调查的五种方法

方法	具体内容
审阅文件资料	尽职调查人员对公司的工商注册、财务报告、法律合同、业务文件等文件进行审阅，从中发现问题
参考外部信息	尽职调查人员通过浏览网络上与公司有关的信息，查看行业杂志、与业内人士沟通交流等方式，对公司的情况进行深入了解
相关人员访谈	这里的相关人员包括企业内部各层级人员、各职能人员、中介机构以及重点客户等，尽职调查人员通过与相关人员访谈获取自己需要的信息
企业实地调查	尽职调查人员要亲临企业，对企业的厂房、土地、设备、产品、存货等实物资产进行全面调查
小组内部沟通	尽职调查小组的成员往往有着不同的专业背景，彼此之间的沟通交流是获取信息、对企业做出科学判断的重要方法

◆尽职调查遵循的原则

尽职调查要遵循以下六大原则，如表6–2所示。

表 6–2　尽职调查要遵循的六大原则

原则	具体内容
证伪原则	尽职调查人员要保持中立立场，同时要保持怀疑态度，按照“提出问题—做出怀疑—调查取证”的思路开展尽职调查，通过事实证明投资标的的投资价值
实事求是原则	尽职调查人员要遵守私募股权投资基金的投资理念和标准，秉持客观公正的原则对投资标的开展尽职调查，呈现投资标的的真实情况
事必躬亲原则	尽职调查人员要亲自前往投资标的处进行实地调查，不能根据道听途说对企业做判断
突出重点原则	尽职调查人员要对投资标的的技术与产品特点进行深入调查，突出重点，切忌分不清主次
以人为本原则	尽职调查人员对投资标的的技术、产品、市场等进行调查时，要注重人员考核，对管理团队的管理能力、创新能力、诚信度等做出判断
横向比较原则	尽职调查人员不能只关注投资标的本身的情况，还要将投资标的放在行业、市场上与国内外同类型的其他企业进行对比，对投资标的未来的发展空间及投资价值做出科学评判

6.1.2 公司历史演变调查

◆公司历史演变调查

（1）调查目标。

进行公司演变历史调查的目标如下：

● 了解公司在发展过程中发生的重大事件，了解这些事件对公司发展的影响，尤其是对企业文化的影响；

● 如果公司成立时间较长，发展过程比较复杂，尽职调查人员要将关注点放在企业历史发展逻辑是否合理方面。

（2）调查程序。

公司历史演变调查要按照以下流程进行，如表6–3所示。

表 6–3 公司历史演变调查流程

序号	具体内容
1	获取目标公司所在行业管理体制改革的相关资料，了解行业管理体制改革对公司的影响
2	获取公司产品、技术改革资料，了解公司历年的获奖情况，对公司核心竞争力的变化以及公司在行业所处地位的变化做出大致判断
3	了解可能对公司发展造成重大影响的事件，了解核心管理人员的变动情况，以及这种变动对公司发展造成的影响
4	了解公司在发展过程中是否存在重大违规行为，是否受到过重大处罚。如果有，那么这些事件对企业的影响是否已经消除

（3）调查结论。

进行公司历史演变调查的结论用于：

● 对公司历史演变的复杂程度做出科学判断；

● 明确这些历史演变对公司未来发展的影响。

◆股东变更情况调查

（1）调查目标。

进行股东变更情况调查的目标在于：

- 了解公司股东是否存在违法行为，股东的产生是否符合相关的法律法规；
- 了解公司股东变更程序是否符合相关的法律法规。

（2）调查程序。

股东变更情况调查要按照以下流程进行，如表6–4所示。

表6–4　股东变更情况调查流程

序号	具体内容
1	了解公司股份结构变化并编制表格，对公司股份总额及股本结构变化的原因进行深入调查，对这些变化对公司业务、业绩及管理的影响做出判断
2	获取公司的股东名册，对发起人与股东数量设置、出资比例是否符合相关法律法规做出判断
3	对公司的实际控制人进行深入调查，了解其业务情况及资产情况，判断公司实际控制人对公司的经营活动造成的影响
4	了解公司自然人的持股情况，明确公司自然人在公司担任的职位，了解其家属的投资情况。对于持股比例较大的自然人，尽职调查人员要了解该自然人是否存在代持股现象，以免出现股权纠纷
5	了解公司是否采用员工持股平台的方式实施股权激励，是否存在工会持股或者职工持股会持股等情况
6	了解公司的股份是否存在因为被冻结、被拍卖而发生转移的情况，明确这些情况对公司股权结构的影响
7	如果公司股本结构曾发生改变，尽职调查人员要获取相关文件，判断公司注册资本的增减及股本结构变化是否符合相关的法律法规。如果涉及国有企业，尽职调查人员要查验国务院国有资产监督管理委员会的批复文件
8	尽职调查人员在收集股东变更资料时要获取当地工商资料

（3）调查结论。

对股东变更情况调查的结论聚焦于：

- 公司的股东及实际控制人是否发生重大变化；
- 持股自然人在公司内部的任职情况以及在公司外部的任职情况；
- 公司股本结构发生变化的相关文件是否齐全，如果涉及国有企业是否有国资委的批复文件。

6.1.3 企业治理情况调查

◆公司治理结构调查

（1）调查目标。

进行公司治理结构调查的目标如下：

- 判断公司章程及草案是否符合相关的法律法规；
- 判断公司股东大会、董事会、监事会的设立与运作是否符合相关的法律法规；
- 判断公司董事、监事、高级管理人员的任职与职位变动是否符合相关的法律法规。

（2）调查程序。

企业治理情况调查要按照以下流程进行，如表6–5所示。

表6–5 企业治理情况调查流程

序号	调查内容
1	获取目标公司历次股东大会和董事会的会议记录，判断公司章程及草案的制定与修订是否符合《公司法》的相关规定

续表

序号	调查内容
2	判断目标公司的股东大会、董事会、监事会的议事规则是否完善，是否符合相关的法律法规
3	获取公司历次股东大会、董事会、监事会的会议记录，查看决议内容，判断对外担保、重大投资、融资及经营决策是否符合规定，同时对公司重要管理人员的变化情况进行全面了解
4	判断公司董事、经理是否存在挪用公司资金或者将公司资金借贷给他人，或者利用公司资产为他人提供担保的情况；是否存在自营或者与他人共同经营公司同类业务，或者开展其他损害公司利益的活动
5	了解公司高级管理人员的激励与约束机制，以及这些机制在吸引人才、稳定管理层成员等方面的作用

◆组织结构调查

（1）调查目标。

进行组织结构调查的目标如下：

- 了解公司主要股东，明确公司的实际控制人，对企业所有业务、财务情况进行全面了解，找到与公司存在同业竞争关系，以及可能与公司发生关联交易的关联方；
- 了解公司组织结构对公司经营活动、经营战略的影响。

（2）调查程序。

组织结构调查要按照以下流程进行，如表6–6所示。

表6–6　组织结构调查流程

序号	调查内容
1	绘制目标公司组织架构图，对公司各机构设置的合理性与运行的有效性进行深入分析
2	与目标公司的管理层交流，获得公司组织结构设置与运行等方面的资料

◆管理团队调查

（1）调查目标。

进行管理团队调查的目标如下：

• 对董事会成员、监事会成员、总裁、副总裁以及财务总监等高级管理人员的个人品质做出初步判断，如是否正直、诚信等；

• 了解公司主要管理层的经营管理能力与开拓精神是否能够满足企业发展需求；

• 判断关键管理人员的选聘、考核、离职等程序是否符合相关法律法规的规定；

• 了解公司是否为管理人员设置了激励与约束机制，这些机制对公司的经营活动与长期发展造成了哪些影响。

（2）调查程序。

管理团队调查要按照以下流程进行，如表6–7所示。

表 6–7　管理团队调查流程

序号	调查内容
1	收集公司主要管理人员的学历与从业经历，收集的资料要尽量详细。对于公司的核心人员，尽职调查人员还要了解其在本行业的执业经验和记录
2	与公司主要管理人员进行单独会谈，围绕公司文化、竞争对手、个人发展与公司发展的关系、企业未来的发展等内容，进行深入沟通与交流
3	了解公司过去三年内关键管理人员的离职情况与离职原因
4	对公司董事进行调查，了解其是否遵守了“竞业禁止”的规定
5	与公司普通员工交流，了解其对管理团队的评价，以及对企业文化在公司内部执行情况的直观感受
6	对公司内部的管理制度、年度经营责任书进行调查，了解公司经济责任考核体系的制定情况与落实情况
7	了解公司高层管理人员的持股情况，包括是否持股、持股数量及持股变动情况，了解高层管理人员的薪酬方案
8	了解主要管理者的工作情况，主要是是否存在兼职行为，这种行为是否会对本职工作造成不良影响

◆业务发展战略与目标调查

（1）调查目标。

进行业务发展战略调查的目标在于：

- 了解业务发展目标与现有业务之间的关系；
- 判断公司业务发展目标实现的可行性以及目标在实现过程中面临的风险。

（2）调查程序。

尽职调查人员对目标公司的发展规划、年度工作计划等资料进行审核，与制定经营决策的负责人交流谈话，获得以下信息：

- 公司发展目标，包括长期发展目标及具体的业务规划；
- 公司发展目标与现有业务之间的关系；
- 公司业务目标在实现过程中面临的风险，包括法律障碍等；
- 公司实现发展目标的经营理念与经营模式、假设条件、步骤以及面临的主要问题。

6.2 企业业务经营调查

6.2.1 不同发展阶段的调查重点

业务尽职调查是尽职调查的一项关键内容，其目的是了解企业过去与现在创造价值的机制，判断企业的业务能力及业务的真实性，将其作为依据对企业未来的发展空间进行科学评估。被投企业所处的发展阶段不同，业务尽职调查的重点也不同，如图6-1所示。

◆早期创业企业

早期创业企业业务尽职调查的重点要放在创始团队和产品与服务方面。

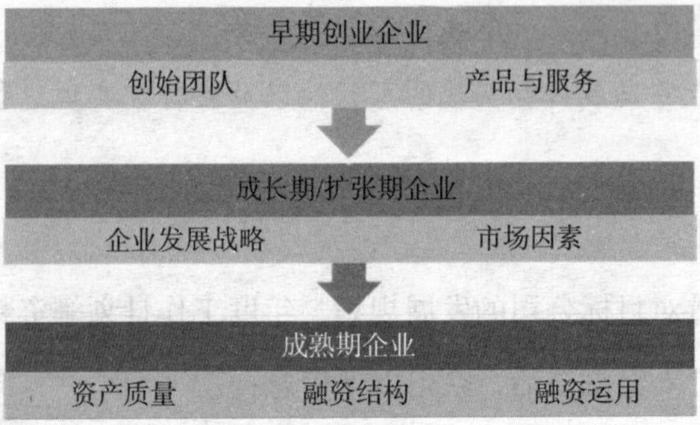

图 6-1　企业不同发展阶段的调查重点

（1）创始团队。

对一家创业企业而言，由于其团队成员往往数量较少，成员结构也趋于扁平化。因此，对创始团队的调查重点主要集中于两类人：其一是创始团队的核心成员，即对企业的创立及后续的成长具有引导作用的成员；其二是创始团队的关键成员，即在企业创立初期，对企业的产品、技术、市场等环节具有重要价值的成员。

- 了解被投企业的主要创始核心成员是否正直、诚信；
- 了解被投企业的主要核心成员的经营管理能力与开拓精神是否能够支持公司实现更好的发展；
- 了解关键人物的选聘、考核与离职情况，确定相关程序是否合法；
- 了解被投企业围绕关键人物制定的激励与约束机制，了解这些机制对公司长远发展的影响。

（2）产品与服务。

- 了解被投企业的主营产品与服务的种类、功能、目标客户群体以及目标市场的潜力；

- 了解每种产品的技术含量与服务质量；
- 了解被投企业的售后服务情况；
- 了解被投企业主营业务与服务的签约金额、销售收入情况；
- 了解被投企业主营产品与服务的价格与市场需求之间的关系；
- 了解被投企业各类产品与服务的销售收入在总收入及总利润中的占比，在行业所占市场份额及未来的发展趋势；
- 了解被投企业为了提高现有产品或服务的质量而采取的措施；
- 了解被投企业新产品或新服务的开发计划。

◆成长期/扩张期企业

除产品与服务外，对于处在成长期/扩张期的企业，业务尽职调查还要调查企业发展战略及市场因素。

（1）企业发展战略。

- 获取被投企业的商业计划书，要求被投企业提供未来3~5年的发展规划；
- 了解被投企业未来几年的发展目标、发展重点、发展方向以及发展路径；
- 获取企业计划投资项目的可行性研究报告，对报告的可行性进行评估；
- 了解企业未来几年的投融资规划；
- 了解企业的人才引进或者人才培养计划。

（2）市场因素。

市场因素对处于任何成长阶段的企业而言均至关重要，不过对处于成长期/扩张期的企业来说，由于其产品、技术、服务等已经相对成熟，因此市场因素对企业发展的影响更加不容忽视。

- 了解被投企业所在行业的总体发展情况，包括市场规模、市场增长速度、投入产出比、进入壁垒、市场发展趋势以及可能影响行业发展的不利因素或者有利因素等；
- 了解被投企业所在行业的发展是否存在周期性、季节性、区域性等特点；
- 了解被投企业所在行业与行业上下游的关系；
- 了解国家关于被投企业所在行业的产业政策与发展纲要；
- 了解被投企业所在行业的市场竞争情况，了解企业的主要竞争对手、在行业的竞争地位、竞争优劣势、产品的优劣势、竞争策略及应对策略；
- 了解被投企业所在行业面临的市场风险。

◆成熟期企业

除管理团队、发展战略之外，对于成熟期的企业，业务尽职调查还要调查企业的资产质量、融资结构、融资运用等。

（1）资产质量。

资产质量指的是资产的变现能力，可以被企业进一步利用或者与其他资产组合增值的能力。对于资产质量调查模块而言，企业要了解以下三大内容：

- 固定资产：包括厂房、设备、机器等，尽职调查人员要获取被投企业的固定资产清单及其变动表、固定资产折旧政策及折旧计算表，了解固定资产的购入时间、入账时间、折旧摊销年限、残值、折旧摊销金额等。
- 无形资产：无形资产的计算方法比较复杂，除了账目上能够体现出来的无形资产，还要考虑被投企业是否有未计入无形资产的专利技术、价值被严重低估的专利技术、失去利用价值的无形资产等。除此之外，尽职调查人员还要判断被投企业的技术水平及技术能力是否具有可持续性。
- 生产状况及存货库存管理：了解被投企业的生产状况，包括生产线分布情况、产能、组织生产模式、生产步骤、生产工序、用工情况等；了解被投企业的库存情况、存货的库龄等，如果存货中存在产品，要了解产品的成本分摊方式、成本确认方式等。

（2）融资结构。

- 了解被投企业的融资历史、股权占比以及债务及担保信息；
- 要求被投企业提供债务及担保相关的协议，梳理被投企业现存的各类债务金额；
- 了解债务及担保相关协议的关键条款；
- 了解被投企业的股东协议、持股情况、股权价格、债务及担保协议等信息，将其与被投企业账上的资本金、资本公积、长期债务以及其他债务金额进行对比分析，全面掌握被投企业的融资结构以及债务及担保情况；
- 在查看债务协议时要重点关注债务协议附带的担保协议，了解担保资产、担保金额、担保期限等情况；
- 了解被投企业是否存在股东债务以及其他关联方债务。

（3）融资运用。

- 通过查看被投企业融资项目的决策文件、项目可行性研究报告、政府部门有关产业目录等方法，与同类企业对同类项目的投资情况、产品市场容量及变化情况相结合，对此次融资项目的可行性及项目实施的确定性进行分析；
- 判断被投企业的融资金额与企业规模、主营业务、实际资金需求、资金运用能力、业务发展目标是否相符；
- 判断被投企业对项目收益的预测是否科学，是否对达产前后的效益情况分别做了具体说明，并预测达产时间，判断预测基础与预测依据是否合理。

对企业业务的尽职调查除可以从投资标的所处的发展阶段入手外，也可以聚焦于各个环节（如生产环节、企业所采用的商业模式等）展开，后文会从采购等与企业业务相关的各个环节入手，对企业业务的尽职调查进行介绍。

6.2.2 行业及竞争者调查

◆调查目标

进行行业及竞争者调查的目标在于：

- 判断公司所处行业的发展现状与发展前景；
- 调查驱动公司所处行业发展的因素；
- 调查公司的产品或服务相较于同行业其他公司的竞争优势；
- 调查公司所经营产品的核心竞争力；
- 调查公司的经营活动是否符合相关的法律法规。

◆调查程序

（1）尽职调查人员从国家发展改革委、行业协会、国务院发展研究中心或其他研究机构获取权威的统计资料与研究报告，对公司所在行业的发展现状与发展前景进行调查，对影响行业发展的有利因素与不利因素进行分析。

（2）了解公司所处行业是否受国家宏观政策调控，如果是，产品定价是否会受到限制？企业是否享受优惠政策？

（3）对公司所在行业的产业链进行调查，了解公司在产业链中的地位。

（4）了解公司所在行业的进入壁垒，包括资本投入、技术水平、环境保护、规模经济、行业管理机构授予的特许经营权等，对这些因素可能给公司核心竞争力造成的影响进行深入分析。

（5）判断公司的行业属性，是资金密集型行业、技术密集型行业还是劳动密集型行业，以及行业内企业对资金（或技术、劳动力）的依赖程度；了解行业内企业是否需要在研究开发、广告营销领域投入大量成本；了解企业应收账款的周转周期、产品价格的变动规律；如果公司有出口业务，还要了解出口额在总销售额中的占比。

（6）了解公司近三年内销售产品所处的生命周期，是导入期、成长期、成熟期还是衰退期，了解产品的寿命。

（7）了解国家的产业结构调整政策与公司的发展规划，了解公司最近几个会计年度主要产品的产量与销量，对公司的产品结构进行分析，了解公司未来几年产品结构的调整方向。

（8）查阅权威机构的研究报告与统计资料，了解可能对公司产品需求造成影响的各种因素，对产品需求变化趋势进行研判，对未来几年市场对这类产品的需求及市场容量进行深入分析；分析公司所在行业这类产品的生产能力以及未来几年生产能力可能发生的变化；所在行业是否深受国家政策、技术进步、可替代产品等因素的影响。

（9）对公司产品价格变动情况进行预测。

（10）对可替代产品的价格变化与供应情况进行调查，对进口同类产品对这类产品的影响进行分析。

（11）了解公司现有的竞争者与潜在竞争者，从相对产品质量、相对价格、相对成本、相对的产品形象及公司声誉等方面对公司与竞争者进行比较；了解公司目前的市场地位，对公司未来的市场地位进行判断。

（12）尽职调查人员通过各大证券报、主要证券类网站获取与公司有关的信息，将其与同行业已经上市的公司进行对比分析。对比分析的样本数量至少要有5个，最多不能超过10个，对比内容包括生产能力、生产技术的先进性、关键设备的先进性、销售收入、销售的地理分布、主要产品销售价格与主营业务利润率、行业平均销售价格与主营业务利润率等。

6.2.3 采购环节业务调查

◆调查目标

对采购环节的业务进行调查的目标在于：

- 了解公司的供应商市场、采购政策、主要供应商以及目标公司对供应商的议价能力；
- 了解公司采购业务是否涉及诉讼，了解与公司采购业务相关的其他交易情况。

◆调查程序

采购环节的业务调查要按照以下流程进行，如表6–8所示。

表6–8 采购环节业务调查流程

序号	调查内容
1	对供应方市场的竞争状况进行调查，判断市场是处于竞争状态还是处于垄断状态，是否因为特许经营权导致供应方市场有较高的进入壁垒
2	与采购部门的员工和主要供应商沟通，了解公司生产需要的主原料、重要辅原料的采购会受到哪些因素的影响
3	了解公司主要供应商的情况，了解最近3个会计年度公司向主要供应商的采购额在公司总采购额中的占比，是否存在对某个供应商依赖比较严重的情况
4	尽职调查人员与采购部门的员工和主要供应商沟通，对公司近几年的原材料成本构成进行分析，了解主要供应商与公司的距离，计算原材料运输费用在采购成本中的占比
5	了解公司的供应商考核机制
6	了解公司与供应商的结算情况，货款结算是否及时，是否存在以实物抵债的现象
7	通过权威机构发布的研究报告与统计资料，了解公司主要原材料的市场供求状况，获取公司产品成本计算单，对主要原材料涨价可能对公司生产成本造成的影响进行定量分析

续表

序号	调查内容
8	尽职调查人员与采购部门和生产计划部门的员工沟通，对采购部门与生产计划部门的衔接情况进行调查，判断原材料积压或缺货风险发生的可能性
9	尽职调查人员与公司的主要供应商和律师沟通，了解公司与主要供应商之间是否存在重大纠纷
10	如果存在对公司成本有重大影响的关联采购，尽职调查人员要判断关联采购定价的合理性，以及公司大股东与公司之间是否存在利益输送或资金转移的行为

6.2.4　生产环节业务调查

◆调查目标

对生产环节的业务进行调查的目标在于：

- 了解公司的生产工艺、生产能力和实际产量；
- 了解公司的生产组织与保障能力；
- 对公司的生产成本及未来规模化生产后的毛利率提升空间进行分析；
- 了解公司生产质量控制、安全与环保策略。

◆调查程序

（1）了解公司生产组织形式，是属于个别制造、小批量生产、大批量生产、装配线生产还是流水线生产。

（2）了解公司主要产品的生产工艺，绘制产品生产工艺流程图，了解公司在生产工艺、生产技术等方面的竞争力。

（3）了解公司主要产品的设计生产能力，了解公司在最近几个会计年度的生产能力，将其与竞争者的生产能力进行对比，进行盈亏平衡分析，计算公司处在盈亏平衡状态下的产品产量，并与公司每年的实际产量进行对比。

（4）尽职调查人员要与目标公司生产部门的员工沟通，了解公司的生产过程是否存在瓶颈，原材料供应是否及时，是否因为某个生产环节不稳定或者生产能力不足导致生产效率较低，能源、技术、人员等客观因素是否会对生产活动造成较大影响。

（5）采用现场勘察法对公司使用的设备产地、购入时间、成新率、运行状态、预计可用时间、现有的生产能力、闲置问题等进行全面调查。

（6）了解公司是否存在用设备抵押贷款的情况，如果存在，尽职调查人员要对借款合同及还款情况进行查询，对预期债务对公司生产活动的影响进行判断。

（7）尽职调查人员要对产品制造成本进行横向比较，对公司过去的产品成本计算单、同类公司数据进行分析，判断公司的生产成本与同行业其他公司相比是否存在优势。

（8）尽职调查人员要对产品制造成本进行纵向比较，获取最近几个会计年度公司主要产品的毛利率、这些毛利在公司当期主营业务利润所占比重，从而对公司主要产品的盈利能力做出判断；如果某段时间内产品的销售价格没变，毛利率却发生了变化，尽职调查人员要分析这个时期的产品生产成本，包括材料价格、人工价格、燃料及动力费用、制造费用等，确认成本确实发生，并不是相关人员故意为之。

（9）与公司质量管理部门的员工沟通，前往工厂进行实地考察，了解公司的生产管理规定，对公司的质量管理政策、质量管理组织设置及实施情况进行全面了解。

（10）了解公司的安全生产措施，了解公司曾经发生过的重大安全事故。

（11）了解公司在生产过程中废水、废气和固体废物的排放情况，查阅相关省份生态环境厅发布的文件，判断公司的生产工艺是否符合与环境保护有关的法律法规，了解公司最近三年是否发生过环境污染事故，是否因为污染环境遭受过处罚。

（12）获取相关省份市场监管局发布的文件，根据文件内容判断企业生产的产品是否符合标准，了解企业是否曾因为产品质量问题受到过处罚。

6.2.5 销售环节业务调查

◆调查目标

对销售环节的业务进行调查的目标在于：

- 了解公司营销网络建设及其与销售渠道的谈判议价能力；
- 明确公司产品商标的权属及合规性；
- 了解公司销售回款与存货积压情况；
- 了解公司的销售业务是否涉及诉讼，是否存在关联交易。

◆调查程序

（1）尽职调查人员要了解公司的分销渠道，如果是自营零售，要了解公司专卖店的设置；如果是通过批发商进行销售，要查看公司的经销协议或代理协议，调查公司的销售业务对销售代理的依赖程度，是否存在过度依赖销售代理导致销售失控的情况。

（2）查看目标公司在国家知识产权局商标局的商标注册证，确定公司是其主要产品的商标注册人。

（3）查看国家市场监管总局或相关省份市场监管总局对公司产品质量的证明或相关批复，确定产品质量符合国家标准或行业标准，了解公司近三年是否曾因违反产品质量与技术监督方面的法律法规受到处罚。

（4）了解公司产品质量，是否存在假冒伪劣行为，在打击假冒伪劣产品方面有什么措施、效果如何、力度如何。

（5）了解公司的竞争者及其竞争优势，从权威统计机构处获得公司产品的市场占有率及主要竞争者产品的市场占有率。

（6）了解公司在最近几个会计年度各类产品所产生的销售额在销售总额中的占比，计算各类产品的产销率，并编制明细表。

（7）了解公司在最近几个会计年度对主要客户的销售额，这些销售额在公司年度销售总额中的占比，判断公司的销售业务是否存在过度依赖某一位客户的现象，了解主要客户的回款情况，判断公司是否存在以实物抵债的情况。

（8）获取公司最近几个会计年度的销售情况，最好是区域销售情况，对公司销售区域的局限化现象进行分析，判断产品销售情况是否受地方保护主义影响。

（9）了解公司每个会计年度期末的销售收入是否存在异常增长，对会计期末几笔大额收入的确认凭证进行追查，对会计师期后事项的工作底稿进行复核，判断是否存在虚开发票、虚增收入的情况。

（10）调查公司是否存在异常的大额销售退回事件，查阅公司的销售合同，了解销售部门与客户对销售退回的处理意见，对销售退回的真实性进行核查。

（11）对公司最近几个会计年度应收账款的周转率进行计算，对公司可能面临的坏账、呆账风险进行调查。

（12）如果公司的销售收入主要来源于一个或者几个大客户，尽职调查人员需要对销货合同、销货发票、产品出库单、银行进账单进行追查，或者利用函证的方法判断销售业务的真实性。如果是出口业务，尽职调查人员要对出口报关单、结汇税单等材料进行追查，确定销售业务是真实发生的。

（13）尽职调查人员要查阅会计师的工作底稿，调查公司是否存在大量残次品、陈旧产品以及积压的库存；与会计师沟通，了解存货跌价准备是否足额计提。对公司最近几个会计年度的产品周转率进行计算，并将计算结果与同行业其他公司进行比较。

（14）尽职调查人员要对公司的重大销售合同进行抽查，了解这些合同中是否存在限制性条款，如某位客户享有特定的退货权、产品售出之后要负责安装或者检修等。

（15）调查关联销售的情况。如果在公司的销售额中，关联销售的占比较大，尽职调查人员要对不同时点的关联销售合同进行抽查，获得关联销售的定价数据，对不同时点产品销售价格的变动情况进行分析，并将其与同类产品当时的市场价格进行对比。如果产品销售价格异常，尽职调查人员要了解这种销售价格对销售收入的影响，对关联销售定价的合理性进行判断，判断公司与大股东之间是否存在利益输送或资金转移行为。

6.2.6 企业技术研发调查

◆调查目标

进行企业技术研发调查的目标在于：

- 了解公司的专利技术与非专利技术；
- 了解公司研发机构、研发人员与研发资金投入及所有权归属情况；
- 对公司正在研发的项目进行调查。

◆调查程序

企业技术研发调查要按照以下流程进行，如表6–9所示。

表 6–9 企业技术研发调查流程

序号	调查内容
1	了解公司的行业技术标准是否符合国家标准、国际标准
2	了解公司的核心技术以及公司在技术层面的独特竞争优势，这些核心技术是否会被其他新技术取代
3	了解公司的专利技术与非专利技术，查看相关的证书文件及在相关管理部门的登记资料，了解公司的技术来源，是自主开发还是外部购买，了解公司对上述技术的权限及对外部购买技术的依赖性，包括拥有权及使用权，判断公司在这些技术方面是否存在重大的权属纠纷，核心技术是否仍处在法律保护期内
4	了解公司是否建立了技术保障机制，防止与产品生产相关的非专利技术被泄露
5	了解公司研发机构的设置及研发人员的构成，公司近几年在研发领域的投入，研发支出在销售收入中的占比等
6	了解公司是否与科研院所建立了合作关系，与哪些科研院所建立了合作，合作项目有哪些，合作方式是什么，合作项目取得了怎样的进展

续表

序号	调查内容
7	了解公司科研人员的薪酬待遇，将其与公司主要竞争者同类技术人员的薪酬待遇进行对比，了解公司近几年科研人员的流失情况，了解公司对科研人员的激励措施
8	确定公司新产品的研发周期，了解主要研发项目的研发进展及市场需求

6.2.7 企业商业模式调查

商业模式是对企业商业逻辑的具体阐述，包括公司能为客户提供的价值，公司的内部结构、关系资本、合作伙伴网络等能实现这一价值，并持续产生盈利收入的要素，具体包括价值主张、消费者目标群体、分销渠道、客户关系、价值配置、核心能力、合伙伙伴网络、成本结构与收入模式。下面我们对企业商业模式调查进行具体分析。

◆调查目标

进行企业商业模式调查的目标在于：

- 了解企业商业模式的演变，了解企业对商业模式的创新；
- 了解公司现有的商业模式以及未来对商业模式的创新；
- 通过商业模式对企业价值进行评估。

◆调查程序

企业商业模式调查要按照以下流程进行，如表6-10所示。

表 6-10 企业商业模式调查流程

序号	调查内容
1	根据公司所在行业的发展历程与行业内企业商业模式的演变，对企业商业模式的发展历程与未来对商业模式的创新进行分析
2	尽职调查人员通过与公司高级管理人员进行谈话，结合之前对采购、生产、销售、研发等环节的调查结果及查阅与公司发展战略有关的资料，对公司现有的商业模式进行判断，了解公司商业模式的创新，以及这种商业模式是否容易被其他企业模仿并超越

续表

序号	调查内容
3	确认公司商业模式的发展方向，以及围绕商业模式创新应该采取的行动
4	将公司的商业模式与行业内领先企业的商业模式进行对比，对公司未来的价值进行评估

6.3　企业财务状况调查

6.3.1　企业资产情况调查

◆调查目标

对企业财务的尽职调查，重点在于对目前公司以往的财务情况进行分析并对未来财务状况进行合理预测，调查的目标在于发现企业的投资价值和潜在风险。而对企业资产情况的调查在于以企业的业务流程为主线，了解企业的资产情况。

◆调查程序

（1）了解固定资产的规模与类别，对资产的期末价值进行核实，具体流程如表6–11所示。

表 6–11　固定资产调查流程

序号	调查内容
1	尽职调查人员获取公司前三年及最近一个会计期间期末的“固定资产”“累计折旧”及“固定资产减值准备”明细表，将其与会计报表放在一起进行核对
2	了解公司房屋建筑物的成新度与产权归属
3	了解公司机器设备的成新度与产权归属，了解这些机器设备的技术水平
4	了解公司是否存在固定资产抵押行为，如果有，要将其与了解到的借款抵押进行核对
5	了解公司计提折旧的方法，将本期计提折旧额与《制造费用明细表》中的“折旧”明细项放在一起进行核对，判断二者是否相符
6	了解固定资产减值准备计提方法，判断减值准备计提是否充分

（2）了解企业在建工程的规模，如果在建工程的规模比较大，要对工程价

值、工程进展、完成程度进行调查，对在建工程完工投产对企业生产经营的影响做出判断。

（3）了解无形资产入账依据，判断无形资产入账价值的合理性，具体来看就是要获取无形资产清单及权属证明；了解无形资产的来源；对无形资产入账的合理性及入账价值做出判断。

（4）了解公司的土地使用权、商标权、专利技术等无形资产权利状况。

6.3.2 企业经营财务调查

◆调查目标

以真实性和流动性为主的银行债务和经营债务调查。

◆具体内容

（1）财务组织：财务组织结构、财务管理模式、财务人员结构、会计电算化程度、企业管理系统的应用情况。

（2）薪酬、税费及会计政策：员工薪资的计算方法；社会保险缴纳政策与缴纳情况；被投企业的福利政策等。

（3）会计政策：被投企业现行的会计政策；近三年会计政策的变化；现行会计报表的合并原则与范围；近三年披露的审计报告；接受外部审计的政策；近三年合作的会计师事务所的名单。

（4）税费政策：现行税费种类、税费率、计算基数、收缴部门；税收优惠政策；税收减免/负担；关联交易的税收政策；管理费、资金占用费的税收政策；税收汇算清缴情况；投资后税费政策的变化情况。

（5）会计报表：与企业经营状况相关的会计报表主要包括损益表、资产负债表和现金流量表。损益表的类型与内容如表6-12所示。

表 6–12　损益表的类型与内容

类型	具体内容
销售收入及成本	销售收入、销售量、单位售价、单位成本、毛利率的变化趋势；产品结构变化趋势；被投企业大客户的变化及销售收入集中度；关联交易与非关联交易的区别及对利润的影响；成本结构、关键成本因素及其成本变化的影响
费用总额及变化趋势	企业主要费用，如人工成本、折旧成本等；其他业务利润；是否存在稳定的其他业务收入来源；投资收益；对外投资情况及各项投资的报酬率；营业外收支；有无异常情况
与未来损益相关的影响因素	销售成本；其他业务利润；税收等

资产负债表的类型与内容如表6–13所示。

表 6–13　资产负债表的类型与内容

类型	具体内容
货币资金	可用资金、冻结资金；应收账款；账龄分析、逾期账款及坏账；大客户应收账款；大额应收账款
其他应收款	账龄、坏账及费用性借款；大额款项的合同、协议；对外投资、委托理财、大额对外借款分析；存货调查；最近一次盘点记录；存货分类及变化趋势；存货滞销、残损情况
影响投资收益的因素	投资比例及应占有的权益；投资背景及可控制力；固定资产；固定资产分类；在用、停用、残损、无用的固定资产；生产经营用和非生产经营用的资产；设计生产能力与实际生产能力比较
企业工程开支以及无形资产	工程项目预算、完工程度；是否存在停工工程；工程项目的用途；无形资产；无形资产的种类及取得途径；无形资产的寿命；计价依据（关注土地使用权）
企业债务	借款；债权人、借款性质、借款条件；利息偿还是否正常；是否可以豁免或债务重组；应付账款；业务趋势与应付账款的趋势比较，了解是否具有足够的买方信用；应付账款账龄分析；预估材料款是否适当

现金流量分析主要包括两部分，分别是收入分析与成本分析，如表6–14所示。

表 6–14　现金流量表的内容

类型	具体内容
收入分析	购销合同；发票（增值税、营业税发票等）；资金回款；验收或运费单据；纳税申报表；缴纳相应的税款

续表

类型	具体内容
成本分析	配比的原材料购进和消耗（含包装物）；购进原材料是否开增值税发票；重要和紧俏原材料的预付款；购销业务付款周期；仓管签字的有数量金额的入库单据；对生产能力的核查。产能真实性核查的基本要点：新建项目能否按时完工；能否正常开展生产活动；生产线的产能情况；能耗情况；仓储与运输能力；其他与产能相配比的资料

6.3.3 企业税务情况调查

◆调查目标

进行企业税务情况调查的目标在于：

- 了解公司要缴纳的税种和税率；
- 了解公司缴纳的税种、税率以及享受的财政补贴优惠是否符合相关的法律法规，是否真实、有效；
- 了解公司的纳税情况是否正常，是否存在偷税漏税行为。

◆调查程序

企业税务情况调查要按照以下流程进行，如表6-15所示。

表 6-15 企业税务情况调查流程

序号	调查内容
1	查阅公司的营业执照、税务登记以及与税法有关的其他文件，与公司财务部门的员工沟通，了解公司及控股子公司缴纳的税种、税基与税率，判断这些税种、税率是否符合相关法律法规的要求
2	调查公司的各项业务中是否涵盖了进出口业务，查阅相关的法律法规，了解公司进出口业务需要缴纳的税种及税率
3	如果公司享受增值税的减免政策，尽职调查人员要查阅财务部与税务局发布的相关法律法规，了解公司享受的税收优惠是否合法，可以享受多长时间的税收优惠
4	如果公司享受所得税减免政策，尽职调查人员同样要查阅相关的法律法规，了解公司享受的税收减免政策是否合法，可以享受多长时间的税收优惠

续表

序号	调查内容
5	了解公司最近几个会计年度享受的税务优惠，税务缴纳之后退回的具体金额，了解这些金额属于经常性损益还是非经常性损益，计算税务优惠对各期净利润造成的影响
6	查阅公司最近三年的增值税、所得税及其他税种以及附加费的纳税申报表、税收缴款书等文件，调查公司最近三年是否存在偷税、漏税行为，是否曾受到税务部门的处罚，是否存在拖欠税金的情况
7	如果企业组织形式发生变化，尽职调查人员要了解变化发生后，企业是否补缴了之前减免的税款

6.3.4 企业投融资情况调查

◆投资环节财务调查

（1）调查目标。

对投资环节的财务状况进行调查的目标在于：

- 了解公司在会计期末的短期投资余额、期末市价以及为了防止跌价所做的准备；
- 了解公司在会计期末的长期投资余额以及为了防止减值所做的准备；
- 对公司在各个会计期间所获投资收益的真实性进行核查。

（2）调查程序。

调查程序如下：

- 取得前三年及最近一个会计期间内公司短期投资与跌价准备余额明细表，对投资风险做出准确判断；
- 取得前三年及最近一个会计期间内公司委托贷款及投资收益明细表，对委托贷款的安全性做出准确判断；
- 取得前三年及最近一个会计期间内公司长期股权投资、减值准备及投资收益明细表，关注大额投资与异常投资产生的收益。对于现金分得的红利要关注是否收现，是否产生挂账情况。

◆融资环节财务调查

（1）调查目标。

对融资环节的财务状况进行调查的目标在于：

- 了解公司债务公司的规模与结构；
- 了解公司的权益融资。

（2）调查程序。

调查程序如下：

- 调查前三年及最近一个会计期间内公司短期借款与长期借款增减变动余额，将其与会计报表放在一起进行核查，判断二者的信息是否相符；
- 调查前三年及最近一个会计期间内公司应付债券明细表，将其与会计报表放在一起进行核对，判断二者的信息是否相符；
- 获取公司财务费用明细表，将其与贷款合同规定的利率放在一起进行比较，判断二者的信息是否相符；
- 获取公司前三年及最近一个会计期间内公司长期应付款及专项应付款明细表，将其与会计报表放在一起进行比较，判断二者的信息是否相符；
- 获取公司前三年及最近一个会计期间内公司所有者权益增减变动及余额表，将其与公司历年增资、配股、利润分配方案进行对比，判断二者的信息是否相符。

6.3.5　发展规划与预测调查

◆**公司财务预测调查**

（1）调查目标。

了解企业未来几年的发展目标、发展规模、发展速度与发展的可能性。

（2）调查程序。

调查程序如下：

- 获取公司的商业计划书，或者要求被投企业提供未来3～5年公司财务预测表，了解公司未来3~5年的发展目标；
- 了解公司制定财务预测指标的依据；
- 了解公司各项财务指标实现的可能性；
- 根据公司的经营管理水平与生产经营条件，对企业各项财务指标实现的可能性做出科学判断。

◆**本轮融资调查**

（1）调查目标。

了解企业提出的与本轮融资有关的各种事项。

（2）调查程序。

尽职调查人员获取公司提供的商业计划书，并通过与公司领导人沟通交流获得以下信息，如表6–16所示。

表 6–16　本轮融资调查内容

序号	调查内容
1	本轮融资是股份转让还是增资扩股
2	了解企业估值、本轮融资金额及所占的投资比例
3	了解公司拟引入的投资者数量、对投资者的要求、有过接触且有投资倾向的投资者

续表

序号	调查内容
4	了解公司的募投项目以及资金的具体用途
5	了解公司的融资时间与融资计划
6	公司融资后的管理制度及相关的人事安排
7	了解公司信息披露程度及具体措施
8	了解公司对赌协议的具体内容
9	了解公司管理层或核心技术人员的股权激励计划及具体内容

◆未来上市计划调查

（1）调查目标。

了解企业的上市计划以及为上市所做的准备。

（2）调查程序。

尽职调查人员获取公司的商业计划书，通过与公司领导人沟通获取以下信息，如表6–17所示。

表 6–17 未来上市计划调查内容

序号	调查内容
1	公司的上市计划，包括上市时间与上市进度
2	公司拟上市的地点以及这样选择的原因
3	公司接触的有意向的中介机构，公司是否与该机构签订了意向书或者协议，是否已经支付了部分款项

6.4 企业法律风险调查

6.4.1 独立性调查

◆调查目标

了解公司与具有实际控制权的法人或其他组织及关联企业的人员、财务、业务等是否关联，资产是否完整。

◆**调查程序**

（1）尽职调查人员要了解公司的业务是否独立，为此，尽职调查人员要获取股东单位及其他关联方的营业执照，查看公司与关联方签署的业务协议，了解公司与关联方的业务是否在同一个链条上。

（2）尽职调查人员要了解公司的供应、生产、销售系统是否独立，为此，尽职调查人员要了解公司的部门设置，了解公司采购部门、生产部门、销售部门以及采购人员、生产人员、销售人员的独立性，调查这些人员是否存在兼职行为；获取公司的采购协议、销售协议与委托加工协议，判断是否存在委托销售、委托加工、委托采购等情况；获取公司的采购账户与销售账户，了解公司的采购、销售活动是否独立，与关联方的账务是否存在联系。

（3）如果公司的供应、生产、销售等环节无法在短时间内独立，公司与关联方是否就各自需要承担的义务做出明确规定。为了明确这一问题，尽职调查人员需要获取公司与关联方签署的综合服务协议、委托加工协议、委托销售协议、商标许可协议、其他业务合作或许可协议，查看协议内容，判断这些协议是否对公司与关联方的权利与义务做出了明确规定。

（4）尽职调查人员要查看公司的产权证书、土地使用证书、商标注册证明、专利证书、特许经营证书等，了解公司无形资产的相关情况，以及无形资产的所有权人与使用者是否符合相关法律法规的规定。

（5）了解公司的房屋租赁情况及土地所有权情况，查看公司的房屋租赁合同，判断房屋租赁是否合法，并检查公司的所有权证明。

（6）了解公司主要设备的产权归属问题，对公司固定资产账户进行检查，了解相关资产的产权归属，了解是否存在资产抵押行为。

（7）了解公司是否存在产权纠纷以及其他的潜在纠纷。

（8）了解公司对主要财产所有权及使用权的限制条件，了解公司主要财产是否存在被担保或其他权利被限制的情况。

（9）了解公司是否存在混合经营及合署办公的情况。

（10）控股股东推荐董事或经理人的流程是否符合公司的规章制度？董事长与控股股东法定代表人或公司的主要股东是否为同一人？公司的高级管理人员是否在股东单位兼职，是否在本公司领取报酬？

（11）公司的组织机构设置是否符合相关的法律法规？是否与控股股东相互独立？

（12）公司的财务会计部门是否独立？会计核算体系和财务管理制度是否完整、独立？

（13）了解公司的资产、资金及其他资源是否被控股股东违规占用？如果存在这种情况要了解具体原因。

（14）了解公司的银行账户是否独立？是否存在与控股股东使用同一个银行账户的情况？

（15）了解公司是否存在将资金存入控股股东所掌控的财务公司或者结算中心的情况。

（16）对控股股东掌控的财务公司或结算中心的账户进行检查，了解这些公司与账户和控股股东的资金往来情况。

（17）查看公司与控股股东的税务登记证明，了解公司的纳税情况。

（18）尽职调查人员与公司财务部门的相关人员沟通交流，查看公司的财务决策制度，判断公司财务决策的独立性，了解公司的资金使用是否受到控股股东的影响。

6.4.2 同业竞争调查

◆调查目标

了解公司是否存在同业竞争，以及为避免同业竞争采取的具体措施。

◆**调查程序**

（1）对公司、控股股东及子公司的经营范围进行对比，判断这三者是否存在同业竞争。

如果三者之间存在或者可能存在同业竞争，尽职调查人员需要了解公司是否采取了有效措施避免同业竞争。如果公司签署了避免同业竞争的协议，尽职调查人员要对协议内容进行审查，确保没有损害公司利益的条款。

此外，了解公司是否采取了其他避免同业竞争的措施，比如：

- 公司通过收购、委托经营等方式，将存在同业竞争关系的业务收归已有；
- 竞争方将业务转让给没有关联的第三方；
- 公司放弃存在同业竞争的业务；
- 竞争方放弃与公司存在同业竞争的业务，并以书面的形式做出今后不再经营此类业务的承诺。

（2）查阅公司的股东协议、公司章程等文件，了解公司是否就同业竞争问题做出了明确规定。

6.4.3　关联方及关联交易调查

◆**调查目标**

进行关联方及关联交易调查的目标在于：

- 判断关联交易的公平性，是否对公司利益及股东利益造成了损害；
- 判断关联交易的审批流程是否符合相关的法律法规。

◆**调查程序**

（1）调查公司与关联方之间的关系。尽职调查人员要对公司所有关联方进行调查，包括公司能够直接或间接控制或被控制的企业、与公司同受某一企业控制的企业、合营企业、联营企业、主要投资者个人或关键管理人员或与其关系密切的家庭成员、受主要投资者个人或关键管理人员或与其关系密切的家庭成员直接控制的其他企业。调查方式为获取公司的采购合同、销售合同，了解合同方与关联方是否为同一主体。

（2）对公司与关联企业的行为进行调查，包括购买或销售商品以及除商品以外的其他资产、提供或接受劳务、代理、租赁、提供资金、担保和抵押、转移研究与开发项目、许可协议、关键管理人员的报酬等。

（3）对关联交易的内容、数量与金额进行检查；明确关联交易的必要性；判断关联交易对公司的影响；了解同类业务中关联交易所占比重。

（4）调查关联交易定价的合理性，是否有可能损害公司利益及其他股东的利益。如果交易要与第三方进行，如何确定交易价格。对关联交易与市场价格进行分析，确定二者之间的差异以及导致这种差异的具体原因。

（5）对关联交易的协议条款进行审查，确保其条款内容公允合理，不会损害公司利益。

（6）对关联交易的递增或递减进行评价，对内在原因进行分析，查阅公司为减少关联交易签订的协议，判断协议内容的可行性。

（7）了解公司是否为股东提供了担保，包括控股股东和其他股东。

6.4.4 诉讼、仲裁或处罚

◆调查目标

进行诉讼、仲裁或处罚相关调查的目标在于：

- 了解公司是否遭受了行政处罚，是否牵涉诉讼、仲裁事件；
- 了解诉讼、仲裁、行政处罚对公司的影响，包括公司的财务状况、经营成果、业务活动、未来的发展前景等。

◆**调查程序**

了解公司是否存在可能对经营状况、财务状况、业务活动、未来发展前景等造成较大影响的诉讼事件或者仲裁事件。如果确定公司存在上述事件，尽职调查人员要深入了解其原因，预测事件处理结果以及已经生效的法律文件的执行可能对公司发展造成的影响。

第7章　投资对赌

7.1　对赌协议的概念与风险

7.1.1　对赌协议的概念与内涵

国外的私募股权投资及并购在发展到一定阶段后开始运用“对赌协议”。国外投资市场发展得比较成熟，对赌协议已经得到普遍应用，其条款内容也十分丰富，能够有效降低投资方承担的风险。分析我国的私募股权投资发展进程可知，国内的对赌条款并非近几年才出现，早在2002年蒙牛集团通过签订对赌协议引进大摩、鼎辉、英联的战略投资，对赌协议就引起了国内各界的广泛关注。

但目前国内企业参与的对赌中，投资方以国际知名基金管理人为主，被投企业多为具备发展潜力但缺少资金支持的民营企业。尽管国内不允许开展IPO对赌，但很多企业都采用其他方式将对赌机制应用到重大资产重组、股权分置改革、定向增发中。很多企业在实施重大资产重组并购，特别是股权并购时，会全方位地应用对赌机制，在业绩目标制定、员工股权激励、收购交易中遵循相应的条款内容。

应用比较广泛的是，针对拟注入上市公司的标的资产业绩达成约定，若最终未实现业绩目标，公司则需按照约定形式弥补投资人的利益。对于PE并购，不少业内人士提出了质疑，国内也不乏PE并购对赌失败的实例。云猎网易以对赌内容为参照，对国内对赌项目的运行情况进行了分析，结果显示，对赌协议成功的比例只有23%，失败和中止的案例占比共计63%，还有14%处于运行中。尽管成功概率不高，但国内在进行重大资产重组并购时实施对赌机制的企业数量却不断增多，对赌方式也更加多样化。那么，何为“对赌协议”？企业实施对赌机制有什么作用？

对赌协议（Valuation Adjustment Mechanism，VAM）直译为“估值调整机制”，是投资方与被投企业之间为保障自身利益而签订的金融条款内容，在功能上与传统金融工具的套期保值存在共性。从本质上说，对赌是投资双方采用的价值评估方式，是用来进行价值评判的财务工具。在具体实施过程中，若被投企业达到了双方约定的目标，投资方就要进行估值调整，使企业能够从中获益。如果被投企业未达到双方约定的目标，就要弥补投资方的利益损失。我国将这种估值调整机制译为“对赌”，对赌协议的专业化程度很高。从本质上讲，对赌是指投资方与被投企业围绕企业上市、净利润增值、利润增速等指标进行约定，以具体的指标为参考，确立相应的对赌条件。

对赌之所以存在，是因为投资方与被投企业之间无法实现全面的信息共享，且企业盈利能力在后续发展过程中可能产生变化。被投企业十分熟悉自己的经营情况，但投资方对其实际情况的把握仅来自外部中介机构开展的调研。出于保障自身利益的目的，投资方会在投资协议中应用对赌机制。另外，对赌协议还能发挥激励作用。从企业管理者的角度来看，企业得到良好的发展，管理层就可以获得相应的股权奖励。所以，在投资并购协议中引入对赌条款具有十分显著的优势，其签订能够有效推动双方交易的达成。

从理论层面来看，如果约定达成，对赌协议最终实现的是双赢。不过，在具体的投融资活动中，对赌协议的引入对双方而言既可能是机遇也可能是挑战，以蒙牛、雷士照明为代表的企业在对赌协议中获得了成功，有效促进了自身的发展，跻身世界知名企业之列，投资方也从中获得了可观的利益。但对赌失败的公司则要承担严重的后果，企业对公司的控制权可能下降，投资方也无法从中获得期待的回报。

目前，我国证券监督管理机构禁止企业签署IPO对赌协议。原因在于，在参与对赌机制的过程中，企业股权结构会受到相关因素的影响而发生变动，并对企业的经营管理及盈利能力产生影响，甚至可能导致被投企业的控制权发生变更，引发重大权属纠纷。

因为对赌协议往往会对股权回购、现金补偿等事宜进行约定，一旦被触发，可能会产生公司实际控制人或者控股股东回购股权，向投资机构进行现金赔偿的情况，进而导致企业的偿债能力下降，公司股权发生较大变更，使社会公众投资者的利益受到较大损害。因此，在上市核查之前，企业一般会清理对赌协议。但根据证监会《首发业务若干问题解答》的相关说法，在满足一定条件的情况下，对赌协议可以不清理，这些条件包括：

- 发行人不作为对赌协议的当事人；
- 对赌协议不可能导致公司的控制权发生变化；
- 对赌协议不与公司市值挂钩；
- 对赌协议不会对发行人的持续经营能力及投资者的权益造成不良影响。

对赌协议是否符合上述要求，需要由保荐人及发行人律师进行核查，并发表明确的核查意见。

7.1.2 对赌失败的主要原因

在我国的私募股权融资中，对赌失败的企业不在少数，其投资方多为国际基金管理人。现阶段，A股IPO市场仍禁止实施对赌机制，主要是考虑企业参与对赌之后，其股权结构可能受到影响，公司管理层及实控人的地位及对企业的控制权可能会发生改变，或者导致企业现金流急剧减少，发生诉讼并危及企业持续经营能力等，且不排除企业在首次公开发行之后，发生其控股股东会将筹措所得资金交给私募股权投资者的情况，无法保障其他股东的利益。所以，国内尚不允许投资方与被投企业就企业上市时间、业绩、股权等指标进行对赌。

国外资本市场的发展则比较成熟，国外企业参与的对赌机制包含各个方面的内容，如股票发行、管理层变动、财务绩效、非财务绩效、企业行为、赎回补偿。无论哪种对赌协议，最终的影响都体现在投资方掌握的股份数额上。相比之下，我国的对赌协议主要体现在财务绩效与股权回购上。企业实现了预定目标，就能够得到投资方提供的股权奖励，也可能是期权认购权或者引进更多投资。对私募股权投资基金对赌失败的原因进行分析可知，对企业的估值过高是对赌失败的主要原因。

目前，我国很多中小企业在发展过程中都存在资金短板，在风险投资交易中掌握的主动权十分有限。为了获得资金支持，这些企业通常会答应投资方的要求，或者企业为了提高自身估值、引进高额投资，对客观事实缺乏清晰认知，忽略了对赌协议的风险，为了获得高收益不惜承担超出自身能力的风险。然而，如果设定过高的目标，会给企业当下及未来的发展带来不利影响。

一方面，签订对赌协议的双方或者共赢、或者共输。预设目标太高可能导致企业对赌失败，在这种情况下，被投企业对企业的控制权会下降，投资方即便得到企业的控制权，企业的经营状况也难以在短时间内得到改善。现阶段，战略性投资、财务性投资占据我国投资的主体，这意味着投资人注重的是一段时间内的利益获得，而不是为了获取企业的控制权或者经营权。

另一方面，对赌目标的高低程度会产生不同的激励效果。如果目标设定得过高，企业自知无法达到这个水平，也就难以调动自身的积极性，在这种情况下，对赌协议无法发挥应有的激励作用，形同虚设。此外，目标设定得太高，会使企业只关注当前的发展，盲目挖掘自身发展潜力，不断进行规模化扩张，而不考虑自身的经营能力。在这种情况下，对赌协议会打乱公司的治理结构，导致公司只关注业绩的提高，牺牲长远的发展利益。

估值目标设置不合理只是导致对赌失败的一方面原因。此外，企业所属行业的发展趋势、竞争对手的实力、企业管理者的经营能力等，也会对对赌结果产生影响。举例来说，摩根士丹利参与蒙牛并购大获成功，永乐并购却以失败告终，就是因为两家公司进行融资时，各个方面的情况都存在明显区别。如果被投企业处于高速成长时期，所处行业呈现出良好的发展态势，可能会高估自身的潜力。另外，相较于我国的被投企业，国际知名基金管理人更加熟悉对赌条款和了解相关信息，国内企业对其的了解则比较有限，在参与对赌的过程中往往无法掌握主动权。

7.1.3 融资对赌的经济风险

对赌协议的风险主要体现在两个方面：法律风险和经济风险。下面我们先来分析融资对赌中存在的经济风险。目前，我国证券监督管理机构禁止企业签署IPO对赌协议，原因在于，在参与对赌机制的过程中，企业股权结构会受相关因素的影响而发生变动，并对企业的经营管理及盈利能力产生影响。

国外的对赌协议除了财务绩效还会考虑其他方面的指标，但国内对赌协议的关注重点只有两个：财务绩效指标和股权回购。对国内对赌失败的案例进行分析可知，因对企业估值过高导致的私募股权投资失败在总体上占据很大比例。

现阶段，我国大部分通过对赌方式融资的企业尚未上市。由于企业无法通过公开发行的方式融资，采用借贷方式则需要办理各种各样的手续，而且要承担财务费用，所以很多企业最终通过采用对赌机制来获取企业发展所需的资金。

然而，不少企业为了引进更多战略投资，设置的企业估值过高，没有充分意识自己要承担的对赌风险。对赌协议会使投融资双方都面临挑战，对赌失败意味着双输。具体来看，企业融资对赌存在经济风险的原因主要有以下4个。

◆对企业业绩目标的期待不切实际

企业的管理者及投资方都需要厘清对企业“战略目标”和“业绩目标”的界定。如果双方制定的业绩目标不切实际，有可能对企业产生过高的期待，从而制定不符合企业发展实际的“商业模式”或“发展战略”，最终导致企业经营陷入困境。

◆企业对高估值融资的需求过于急切

对于初创企业而言，企业的成长和发展往往对资金有比较大的需求。如果对高额融资的需求过大，对企业发展的实际情况缺乏清晰的认知，那么也可能给企业带来潜在的经济风险。企业的发展要受到内外因素的制约，存在极大的不可控性，因此进行融资时要慎重。

◆忽略企业控制权应具有的独立性

企业进行融资的过程中，有时会忽略控制权的独立性。商业协议的签订应该建立在双方拥有一定独立性的前提下，但有时投资方出于尽快看到收益等目的，可能会安排人员插手被投企业的管理和控制，使企业丧失控制权的独立性。从长远来看，这种情况十分不利于企业发展。因此，在融资过程中，企业管理者需要时刻保持警惕。

◆企业业绩未达标而丧失控股权

一般来说，国内企业间的“对赌协议”相对较为温和，但很多国外的投资方对企业业绩要求极为严格，很可能因为业绩发展过于低于预期，导致标的企业的控股人失去企业控制权。从投资者的角度看，其投资目的是获得短期利益并在一段时间后退出，而不是取得企业的控制权。

除了估值过高，企业所处行业的发展情况、企业管理层的经营能力、总体经济环境等，也会对对赌结果产生影响。

7.1.4　融资对赌的法律风险

对赌协议作为投资协议的一部分，既能够维护投资方的利益，又能够对被投企业起到一定的激励作用。但在具体的融资实践中，对赌协议也可能面临一些法律风险。

◆合法性风险

对赌协议适用的前提在于不能违反相关的法律法规。如果违反相关的法律法规，双方签订的对赌协议不仅无法进行行政审批、登记、备案，甚至可能需要承担法律责任。此外，当对赌协议与股份锁定的规定相冲突时，需待股份锁定期限达到后才可以实施。

◆民事效力风险

对赌协议不仅可能存在合法性风险，也有可能面临民事效力风险。也就是说，对赌协议可能会违反相关法律法规中关于效力的强制性规定，从而影响对赌协议的有效性。例如，对赌协议中的一票否决权、额外表决权等相关内容，都有可能与《公司法》的相关规定发生冲突。

此外，当涉及外商的投资或国有资产处置等情形时，如果对赌协议与相关的前置事项和法定程序不一致，也有可能面临效力风险。

◆控制权风险

对赌协议中的相关条款可能会给企业带来控制权风险。例如，投票权、特殊否决权、提名权以及与公司的治理架构等相关的内容都有可能影响企业的控制权，而控制权方面的变化不仅可能影响企业的业绩，也有可能影响公司整体的发展路径，导致公司面临管理层的变革。

◆公司存续风险

对赌协议中的相关内容往往会涉及资金以及股份等内容的变化，而资金或股份的波动有可能给企业发展带来较大影响，甚至使企业面临存续风险。

◆其他法律风险

对赌协议在实施过程中还有可能面临其他的法律风险。例如，进行相关补偿时的税务问题，以及与海外投资相关的外汇管制事项。对赌协议作为投资协议的一部分，签署后具有法定效力，需要严格遵守。因此，在对赌协议签订之前，企业及投资方都需要尽量规避可能存在的法律风险。

7.1.5 实现对赌协议的双赢

企业在实施并购重组计划时，其发展通常进入了相对稳定的阶段，与发展初期继续引进资金不同的是，这个阶段的企业在资金方面不是特别紧张；换句话说，企业不仅是为了满足自身的资金需求才与投资方合作的，其目的是进行资源整合，充分发挥自身的优势力量，运用先进技术手段，提高自身管理能力。

在签订并购合同时，如果双方一致认为应该使用对赌条款，不妨引入对赌机制，通过这种方式促进企业发展，体现对赌机制的价值。另外，在对赌机制下，企业能够更加合理地进行估值，使预设的财务目标不至于脱离实际情况，从而降低估值过高带来的风险，促使收购方与被收购方之间建立公开、公正的交易关系。国内企业在引进对赌条款时需注意，要保证条款内容符合我国国情，并综合考虑企业自身的实际情况，不能直接套用国外的条款模式，而是应该根据企业所属行业及自身特性，在分析市场发展走向的基础上制定科学合理的方案，从而降低双方交易的风险。

企业应该具备风险意识，在确定有必要实施对赌机制时再签订对赌协议。尽管对赌协议的收益较高，但也要求企业承担较高的风险，为此，企业应该了解对赌交易中自身面临的风险，对自己的承受力进行客观分析。

企业可以通过多种途径筹措资金，如果条件不成熟，不建议通过签订对赌协议引进投资。如果企业想采用对赌的方式融资，应该具备足够的条件，如企业经营者具备足够的经营管理能力，能够承担企业后期面临的风险等。

在这个过程中，还要对企业未来的价值进行评估，为此要分析企业股价的变化趋势，据此预测企业未来的价值走向，要从企业本身考虑是否签订对赌协议。现阶段，国内企业对金融衍生品、企业估值还比较陌生，如果在没有考虑清楚的情况下就签署对赌协议，会给交易双方带来不利影响。

确定对赌条款内容时，最重要的是保证估值目标的合理性，并制定相应的调整方案。如果目标设置过高，很容易导致企业过度开发自身潜能，超出管理层的能力范围，无法发挥对赌条款的激励作用；如果目标设置过低，也无法体现对赌协议的价值。

所以，企业在融资过程中需要对自身价值进行科学评估，在参考财务业绩指标的同时，综合考虑其他指标。在业绩评估方面，我国企业在参与对赌机制的过程中，除重点分析企业的净利润外，还会将非经常性损益从净利润中减掉，用来评估企业价值。这是因为非经常性损益会在很大程度上影响企业的盈利情况。将非经常性损益减去之后，就能以更加科学、有效的方法分析企业的经营能力、盈利能力以及未来的变化趋势。如若不然，有些企业为提交良好的业绩报告，可能会采用人为调整利润的方式，无法体现真实的对赌结果。

将对赌机制应用到并购中无疑是有风险的。对赌协议是一把“双刃剑”，要想充分发挥其激励作用，就要采用恰当的方法，在实施过程中降低对赌带来的不利影响。参与对赌的投资方与被投企业，或者是收购方和被收购方，都应该具备足够的风险意识。为此，参与者必须全面把握其所属行业的总体环境、未来走势、企业实际经营情况等，对企业的业绩增长能力及未来价值进行科学预估，如此一来，参与对赌的双方才有可能实现共赢，体现对赌协议的价值。

7.2　领售权/拖售权条款

7.2.1　领售权/拖售权的概念

领售权指的是私募投资人强制创始股东出售股权的权利，所以又被称为“拖售权”“强制出售权”“拖带权”。如果投资人享有领售权，就可以在被投资公司没有如期上市或者没有按照约定完成经营目标等情况下，要求被投资公司的创始股东按照投资人与第三方达成的协议，与投资人一起向第三方出售股权，以保证投资人的利益。

领售权虽然是股东之间的一种特别约定，不是一项法定权利，但其存在具有一定的合法性。因为根据《公司法》的相关规定，虽然公司股权转让必须经过半数以上的股东同意，但也规定如果公司章程对股权转让做出了特别规定，则按照规定执行。这一规定充分体现了《公司法》对公司自治权的尊重，同时也体现了领售权的合法性。

如果投资人主张领售权，一般会在投资协议或股东协议中进行约定，但为了方便日后执行，最好在公司章程中做出相应规定。对于私募投资人来说，领售权可以很好地保障其利益。因为私募投资人作为小股东，如果单独对外转让股权，可能会因为所转让的股权份额比较小导致股权转让无法成功，而且议价能力比较弱，无法获得更高的收益。如果享有领售权，私募投资人转让股权的行为相当于转卖公司，所产生的控制权溢价将大大提升股权估值。如果私募投资人通过领售权将公司转卖给其竞争对手，就有可能获得高额回报。对于私募投资人来说，这是一条不错的退出路径。

由此可知，领售权维护的是投资人的利益，而且大多情况下会损害创始股东的权益。所以，很多创始股东不会无条件同意授予投资人领售权，往往会对领售权设置一些限制性条件。

（1）对触发条件进行限制。

投资人与被投资企业的创始股东约定领售权的触发条件，只有在满足以下一项或者几项条件时才能触发领售权。例如，被投资公司没能在约定时间内上市，或者公司管理层决定不上市；没有完成既定的业绩指标；投资期满后退出机制不明确；投资回报率较差，只有出售股票才能达到预定的最低回报率等。

（2）对主观恶意行权进行限制。

例如，投资人与被投资企业的创始股东约定，投资人不能在价格明显低于或者高于市场价格、程序不合法、未对相关信息进行完全披露的情况下，将股票出售给公司的竞争对手或者其他关联方。

（3）对行权时机进行限制。

投资人与被投资企业的创始股东约定，投资人只有在其他退出机制都失效的情况下才能行使领售权。

（4）对转让对象进行限制。

投资人与被投资企业的创始股东约定，投资人不能将公司股权转让给竞争对手，在多个受让方给出的价格条件相同的情况下，创始股东有权选择受让方。

一般情况下，被投资企业只会对少数投资人授予领售权。另外，因为领售权是股权转让的衍生品，会受到股东优先购买权的影响，所以享有领售权的私募投资人想要保证领售权顺利实施，要将领售权的相关条件写入公司章程，防止其他股东的优先购买权对领售权的实施造成干扰。

7.2.2 领售权/拖售权条款的设置

设置领售权/拖售权条款还需要注意以下几点：

（1）领售权条款应该不与原先签署的条款相冲突，并对其他相关权利的效力顺序做出明确约定。因为领售权可能与优先购买权、优先清算权存在竞争关系，所以要对各项权利的效力顺序做出明确规定，以免在权力行使过程中出现摩擦与争议。

（2）创始人为了给自己经营多年的公司找到一个满意的收购方，可以在领售权条款中设置优先购买权，并且约定优先购买权的效力高于领售权。如果投资人出售股权，创始人可以优先购买这部分股权。如果创始人资金实力雄厚，这一条款可以很好地保障创始人的权力。

（3）由于被领售的股东可能拒绝配合公司整体出售，所以投资方在设置领售权条款时可以约定，在领售权条件达成，并且投资方将公司整体出售事宜提前告知公司其他股东的情况下，如果被领售人拒绝配合，投资方可以代替被领售人签署相关文件，或者召开董事会投票赞成相关交易，或者可以提前安排公司股东签署相关决议，并对这类文件进行适当监督。

（4）明确约定违约责任。提高违约成本可以保障权利实现，而提高违约成本最直接的方式是在投资协议中约定违约责任条款，并且要求现金给付。这样，即便将来出现争议需要通过诉讼、仲裁的方式解决，相较于领售权条款来说，这类违约责任条款执行起来更简单易行。

（5）在权利人行使领售权整体出售目标公司时，领售股东所持股份比例可能达不到《公司法》的要求。在这种情况下，因为《公司法》明确规定允许有限公司对股权转让事宜做出特殊约定，并且可以在市场监督管理局对公司章程进行备案。为此，权利主体可以在公司章程中对领售权的相关内容做出明确约定，再前往市场监督管理局备案，通过这种方式防止义务主体借公司章程提出抗辩，同时降低自身举证难度。

在实际投融资案例中，领售权条款需要投融资双方根据实际情况进行约定，无论哪一家占据优势地位，享有较大的话语权，都必须熟悉条款的设置细节，推动交易目的达成。为了保证领售权条款设置的合理性，投融资双方可以向专业律师咨询，让律师给出专业的建议。

7.3 随售权条款

7.3.1 随售权的概念

随售权（Tag-along）指的是在大股东出售股权时，小股东可以和大股东一起出售股权。Tag有“跟随”“尾随”之意，与拖售权（Drag-along）中的Drag形成强烈的对比。需要注意的是，随售权是赋予小股东的权利，小股东可以选择跟随大股东出售股权，也可以选择不跟随大股东出售股权。另外，不是所有的股权投资协议或股东协议都必须包含随售权条款，这一条款是股东谈判的结果。

◆随售权的应用场景

小张和小李共同创建了一家公司，小张持股60%，小李持股40%。经过一段时间的运营，公司业务逐渐稳定，并且实现了盈利。为了进一步发展壮大，两人决定寻找投资机构，引入外部资本。经过多番比较，两人找到一家理想的投资机构，该投资机构愿意投资1000万元，但要持股70%。这样一来，小张和小李的股权被稀释，最终小张持股变成18%，小李持股变成12%，两人成为公司的小股东。

经过第一轮融资，该公司获得了大笔资金，开始大力拓展业务，盈利水平不断提升。三年后，该公司的业务发展触顶，盈利能力开始下降。投资机构为了获得更多投资收益，决定出售其持有的股权，最终以高于原股价20倍的价格将全部股份转让给了第三方。小张和小李对这个价格也比较满意，经过考虑决定行使随售权，跟随投资机构按照同样的价格出售自己持有的公司股权。

小张和小李决定行使随售权的原因有两个：第一，大股东离开后，他二人的议价能力会明显不足，很难争取到如此有利的价格；第二，如果继续以小股东的身份持有公司股权，就要面临与新的大股东的合作，如果合作不顺利，可能要面临更大的损失。基于这些原因，小张和小李做出了行使随售权的决定。

这是随售权一个比较典型的应用场景。在具体实践中，高科技行业的初创企业在引入风险投资的过程中，小股东经常与投资机构约定随售权条款。

◆随售权与其他条款的关系

（1）拖售权。

拖售权与随售权相对，保护的是大股东的权益。享有拖售权的大股东可以强制小股东与其一同出售股权。

在随售权条款下，对于小股东来说，跟随大股东出售股权是一种权利，可以决定跟随出售，也可以决定不跟随出售，享有很大的自主权；但在拖售权条款下，如果大股东要求小股东与其一同出售股权，小股东只能答应，无法拒绝。从这一点来看，拖售权与随售权具有本质区别。

（2）优先购买权。

优先购买权（Preemptive Rights）赋予股东优先购买股权的权利，具体来说就是当某股东计划出售股权时，享有优先购买权的其他股东可以按照其持股比例优先购买股权。优先购买权可以按照权利内容细分为三大类，分别是最先报价权、最先拒绝权、最后拒绝权，其中最先拒绝权经常被等同于优先购买权。当然，在优先购买权条款中，这三项都是典型内容，只是侧重点各有不同。

7.3.2 随售权的作用机制

对于投资人来说，投资非上市公司最大的风险在于流动性受限。因为上市公司的股票可以在二级市场自由流通，如果股票价格上涨，投资人可以立即出售股票获取收益；如果投资公司的经营状况不佳，股票价格下跌，投资人也可以立即抛售股票，以免蒙受太大损失。而非上市公司的股票不能在二级市场流通，投资人投资非上市公司之后，只能期待被投资公司成功上市，或者被其他投资人溢价收购，或者被公司股东高价回购。如果被投资公司的经营状况不佳，吸引不到其他的投资人，公司股东也没有回购意愿，投资人就只能承受损失。

如果是持有公司大部分股权的大股东，还有可能凭借强大的议价能力找到其他投资人，并与其商定一个更高的出售价格，尽可能弥补自己的损失，甚至还有可能获得一定的投资收益。但在大股东出售完股权之后，小股东由于议价能力比较弱，很难像大股东一样找到愿意接手的投资人，即便能够找到投资人也很难与其商定一个对自己有利的出售价格。如果保留公司股权，又要面临大股东更换而带来的收益风险。在这种情况下，为了避免蒙受更大的损失，小股东只能以低价出售股权。

如果小股东享有随售权，就可以很好地避免上述情况发生。在大股东出售股权时，小股东可以跟随大股东一同出售股权，从而获得一定的投资收益。由此可知，随售权的主要作用就是通过提高非上市公司股权的流动性来保障小股东的利益，降低小股东可能面临的投资风险。

7.3.3 随售权的利与弊

虽然随售权的作用是保护小股东的权益，但其价值要比这高很多。

对于非上市公司来说，流动性不足是导致其融资难的一个重要原因。在这方面，初创公司表现得更加明显。为了避免蒙受太大的损失，投资人投资初创公司时往往不会投入太多资金，获取太高的股权比例。投资人作为小股东投资公司，为了保护自身权益，一般会要求获取随售权。从这个层面来说，随售权在一定程度上提高了非上市公司股权的流动性，增强了公司对投资人的吸引力，可以在很大程度上打消投资人的顾虑。

随售权有优点，自然也有缺点。随售权在提高非上市公司股权流动性的同时，也会增加公司大股东以理想价格出售公司股权的难度，对股权流动形成一定的制约。因为如果股权受让方只计划收购公司的部分股权，但受随售权的影响不得不收购小股东的股权时，往往会压低收购价格或者提高收购条件，甚至可能放弃收购，导致大股东的利益受到不利影响。

因此，被投资公司在与股东约定随售权之前，要综合考虑各种因素，决定是否约定随售权，如何设定随售权条款，将随售权的优势充分发挥出来，促使大小股东之间的利益得到有效平衡。

7.3.4 制订随售权条款的技巧

在制订随售权条款时需要遵循以下原则和技巧：

（1）为保证随售权条款的效力，被投资公司最好与股东约定：随售权条款对公司所有股东有效。如果大股东在出售股权时没有履行随售权条款，那么股权转让无效；如果大股东没有经过小股东同意，擅自决定不行使随售权，单独出售股权，那么股权转让无效。

（2）为了避免发生歧义，被投资公司在设定随售权条款时要对“大股东”这个概念做出明确规定，如规定持股超过51%的股东是大股东。

（3）如果被投资公司发行了多种股权，且在《股东协议》中约定随售权只适用于某些股权；如果大股东与小股东持有的股权种类不同，小股东可能无法行使随售权。关于这一点，被投资公司要在相关协议中做出明确规定，以免发生误会，引发风险。

（4）被投资公司最好对小股东行使随售权的触发情形做出明确规定。例如，在大股东出售全部股权时，小股东可以行使随售权；或者在大股东出售部分股权时，小股东可以按比例行使随售权等。如果约定只有在大股东出售全部股权时，小股东才能行使随售权，可能会发生这样的情况：大股东为了以更高的价格出售股权，故意出售大部分股权，保留极少数股权，使得小股东无法行使随售权，这种情况对小股东非常不利。所以被投资公司与股东约定随售权的触发条件时，要对大股东出售部分股权的情况予以考虑。

（5）大股东为了维护自身利益，可以为随售权设置一些限制条件，如约定当大股东出售部分股权时，小股东可以行使随售权出售股权，但出售的股权比例不能高于大股东出售的股权比例。例如，大股东出售了其持有股权的70%，享有随售权的小股东出售的股权比例不能超过其持有股权的70%。如果小股东决定保留股权，不行使随售权；或者通知期满后，小股东还未决定是否行使随售权，那么大股东有权向买方出售更多股权，将买方要约收购不足的部分补齐。

7.4 业绩补偿条款

7.4.1 业绩补偿款的法律性质

业绩补偿和股权回购都是根据当事人的真实意愿约定的合同条款，如果没有其他的效力瑕疵，应该被认为合法且有效，但这不意味着投资人可以随意使用这两项条款来维护自身利益。从本质上看，业绩补偿和股权回购是一种估值调整机制。如果投资人使用业绩补偿和股权回购获得的利益超出估值，那么就有可能被法院判定同时主张业绩补偿和股权回购的行为不合理。因为法院判断业绩补偿及股权回购条款能否同时存在、同时使用的重要依据，就是其对业绩补偿款的法律性质的判定。

（1）业绩补偿款属于交易对价的一部分。

最高人民法院发布的《全国法院民商事》对对赌协议做出了详细解释：“实践中俗称的‘对赌协议’，又称估值调整协议，是指投资方与融资方在达成股权性融资协议时，为解决交易双方对目标公司未来发展的不确定性、信息不对称以及代理成本而设计的包含了股权回购、金钱补偿等对未来目标公司的估值进行调整的协议。”

从目的上看，股权回购与业绩补偿都是为了调整估值，只不过它们调整估值的方式与程度不同。股权回购可以将投资人持有的目标公司的股权转化为对回购义务人的债权，帮助投资人回归到没有投资的状态，这种调整比较彻底；业绩补偿指的是当目标公司的价值低于投资估值时，义务人按照约定条件向投资人补偿估值溢价款，这种调整是对交易对价的调整，调整幅度比较小。在少数情况下，义务人会按照约定将其持有的目标公司的部分股权无偿补偿给投资人，这样一来，投资人就可以获得双份股权，即原来投资购买的股权和义务人无偿补偿的股权。

（2）业绩补偿款并非投资人取得的分红款。

业绩补偿款与分红款的相同点在于都与公司的利润情况有关，但二者又存在本质区别：

- 付款义务主体不同：分红款的付款义务主体是目标公司；业绩补偿款的付款义务主体可以是目标公司，也可以不是目标公司。
- 计算方式不同：分红款的计算要严格按照《公司法》的规定执行；业绩补偿款的计算要严格按照合同约定执行。
- 实现程序不同：分红款的支付需要经公司的股东会决议；业绩补偿款的支付取决于条件成就，只要条件成就，义务人就要支付业绩补偿款。

所以在具体实践中，人们不能将业绩补偿款认定为分红款。即便合同约定股权回购价款计算要扣除分红款，也不能因为这个原因否决投资人同时主张业绩补偿与股权回购的行为。

（3）业绩补偿款并非义务人向投资人支付的违约金。

违约金指的是违约方向守约方支付的赔偿款。在具体实践中，法院可以根据守约方的损失来确定违约方应该支付的违约金的具体数额。而业绩补偿款是交易对价的一部分，其目的是调整目标公司的估值，不是补偿守约方在金钱方面的损失。所以，业绩补偿款不是违约金，法院在审判类似案件时不能将业绩补偿款认定为违约金，其原因有二：

- 第一，投资人要求获得股权回购款的根本目的，在于要求股权回购的义务人支付回购股权的对价，而不是支付违约金。如果将业绩补偿款认定为违约金，法院就有可能认定业绩补偿款和股权回购款都属于违约金，判定投资人同时主张业绩补偿和股权回购的行为不合理，这对投资人来说很不公平。
- 第二，如果法院将业绩补偿款认定为违约金，可能会根据投资人的损失下调业绩补偿款的数额，这种做法同样有违法理。事实上，只有在义务人没有按时支付业绩补偿款的情况下才会涉及违约问题，业绩补偿款与违约金是两个截然不同的概念。

7.4.2 主张业绩补偿所需考量的因素

当主张业绩补偿时，主要需要对以下因素进行考量：

（1）股东身份对主张业绩补偿及股权回购的影响。

股权回购与业绩补偿都可以用来调整估值。投资人主张股权回购，将自己持有的目标公司的所有股权转让出去，回归到没有投资的状态，意味着放弃对目标公司的投资。相较于股权回购来说，业绩补偿更加温和，只是对投资交易对价进行调整。从逻辑关系上看，如果投资人行使股权回购权，就失去了主张业绩补偿的基础。也就是说，如果投资人同时主张业绩补偿和股权回购，其股东身份可能会成为障碍。

一方面，投资人主张股权回购，将自己持有的公司股权转让给回购义务人，不再是公司股东，失去了主张业绩补偿的资格；另一方面，义务人向投资人支付业绩补偿款是由条件成就决定的，所以判断投资人主张业绩补偿是否受其主张股权回购的影响，应该根据条件成就来判定，而不是根据投资人第一次主张业绩补偿的时间来判定。这样一来，如果投资人在业绩补偿条件成就时仍是公司股东，就有权同时主张业绩补偿和股权回购。

需要注意的是，如果目标公司与投资人签订了对赌协议，并在协议生效期间履行回购义务，目标公司可能会蒙受巨大损失，致使企业陷入亏损境地。所以根据相关法律的规定，在目标公司没有利润的情况下，法院一般不支持投资人主张业绩补偿。

（2）公平原则的适用。

从本质上看，业绩补偿是义务人对投资人估值溢价的补偿，调整的是投资交易对价。业绩补偿金额的计算公式为：

补偿金额=已投资金额×（1-目标公司年度实际实现的净利润/5000万元）

如果目标公司处在亏损状态，则年度实际实现净利润为0。在这种情况下，义务人需要支付的业绩补偿金额将大于投资人的投资金额。这也就意味着投资人不仅可以获得目标公司的股权，还能获得额外的补偿金。

如果投资人在获得业绩补偿之后再主张股权回购，或者同时主张业绩补偿与股权回购，就有可能获得超额收益。在这种情况下，为了避免目标公司受到巨额损失，保证目标公司可以持续发展，法院一般会对股权回购价款进行调整。

投资人获得业绩补偿意味着之前的投资对价已经得到了调整，调整后的实际投资金额=原投资金额-业绩补偿款。按照公平原则，回购款的计算也要做出相应的调整，应该将实际投资金额作为本金，根据调整前后的资金占用情况分别计算利息，计算公式如下：

回购款=（原投资金额-业绩补偿金额）+原投资金额×获得业绩补偿款前

的投资年限 ×8%＋（原投资金额－业绩补偿金额）× 余下投资年限 ×8%

总而言之，业绩补偿是对交易对价的调整，业绩补偿款是义务人补偿投资人的估值溢价款，而非违约金。对于投资人来说，业绩补偿与股权回购这两项权力的行使可能会相互影响，一方面，投资人主张股权回购之后失去股东身份，无法再主张业绩补偿；另一方面，投资人主张业绩补偿，获得业绩补偿款之后再主张股权回购，或者同时主张业绩补偿与股权回购，股权回购价款可能被调整，达不到预期的数额。

7.4.3 投资人主张业绩补偿的实务建议

为了能够同时主张业绩补偿与股权回购，且获得预期的收益，投资人可以采取以下措施：

- 投资人要与目标公司约定：投资人有权同时主张业绩补偿与股权回购，并且股权回购款的计算无须扣除业绩补偿款。
- 股权回购款要扣除分红款，要明确说明分红款不包括可能的业绩补偿款。
- 明确说明业绩补偿款不是违约金，不存在调整空间。
- 根据公司估值设定业绩补偿款及股权回购款，并明确计算方式。
- 业绩补偿条件成就后，投资人要及时向目标公司发函主张业绩补偿，并固定权利。

虽然我国法律尊重当事人根据自身意愿订立的业绩补偿与股权回购条款，认为这两项条款有效，但如果这两项条款的设置违背了公平性原则，成为投资人谋取私利的工具，失去了估值调整的价值，就会受到法律的强制管控。因为借助不公平的对赌条款，投资人有可能故意促使股权回购或业绩补偿条件成就，谋取更大投资效益，导致企业的投资成本增加，投资市场的运行受到不利影响。在这种情况下，执法机关就会采取一些干预措施，将投资人可能获得的业绩补偿款及股权回购款的总额的法律救济保护，限定在其实际投资本金与适当的资金占用补偿总和的范围内。

总而言之，投资人要意识到投资必然伴随着风险，无论如何设置投资条款都不可能彻底消除投资风险。股权回购也好，业绩补偿也罢，只能在一定程度上防控投资人因为无法参与公司运营而面临与目标公司信息不对称的风险，将投资人可能面临的风险损失降至最低，但不可能消除风险，保证投资人一定可以获得预期的收益。

目前，在IPO上市审查以及司法审判中，对赌协议通常被认定为无效、违法，导致越来越多的目标公司不愿意与投资人签订对赌协议。事实上，对赌协议的存在具有一定的合理性，并不是投资人压榨债权人、谋取私利的工具。所以深入探究对赌协议的内涵，改变人们对对赌协议的错误认知，为对赌协议的存在提供一定的法律支持，充分发挥对赌协议的优势，可以为资本市场创造一个更自由的环境，促使其实现健康、稳定的发展。

7.5　优先清算权条款

7.5.1　优先清算权条款的效力

私募股权投资中签订对赌协议已经成为一种潜规则。一般来说，对赌协议的内容十分丰富，包括财务业绩、非财务业绩、上市时间、股权回购、关联交易、债权债务、竞业限制、股权转让限制、引进新投资者限制、反稀释权、优先分红权、优先购股权、优先清算权、共同售股权、强卖权、一票否决权、管理层对赌以及违约责任等。投资人设置这些条款的目的大多是为了更好地维护自身利益，对目标公司及公司的实际控制人做出一定的限制。

优先清算权指的是在公司清算或者发生清算之类的事件时，投资人可以优先分配公司的剩余财产。虽然《公司法》中并没有明确规定，但根据以往的案例，法院通常判定这样的约定是有效的。

在（2019）京03民终6335号案件中，北京第三中级人民法院裁定优先清算权条款不违反法律法规的强制性规定。这样判决的理由是，根据《公司法》第一百八十六条规定，公司清算时，清算费用、职工工资、社会保险费用与法定补偿金、拖欠的税款、公司债务可以优先分配。因此，在（2019）京03民终6335号案件中，法院裁定目标公司在支付了清算费用、职工工资、社会保险费用、法定补偿金，缴纳所欠税款，清偿公司债务之后，北科中心享有优先分配权。

7.5.2 触发条件与条款类型

◆优先清算权的触发条件

优先清算权的触发条件是发生清算事件。清算事件可以分为两种类型，一种是一般清算事件，另一种是被视为清算事件的其他事件。其中，一般清算事件指的是按照法律法规的要求对公司进行清算的事件。按照《公司法》的相关规定，公司进入清算的情形大致有以下几种，如表7–1所示。

表7–1 公司进入清算程序的四种情形

序号	具体情形
1	公司章程规定的营业期限届满，或者出现了公司章程规定的必须解散公司的事件
2	股东大会决定解散公司
3	公司因违反相关法律法规的规定被吊销营业执照，或者被责令关闭或者被撤销
4	公司股东向人民法院提交解散公司的申请，人民法院依法判决公司解散

被视为清算事件的其他事件，指的是投融资双方在对赌协议或公司章程中对投资人退出的事由做出约定，在发生了约定事由之后，公司不是真正地进入清算程序，只需按照约定对收益进行分配，公司可以剩下不少资产。一般来讲，被视为清算事件的情形主要包括以下几种：

- 公司被合并或并购；
- 公司出售主要资产或业务；
- 公司控制权变更。

◆优先清算权条款类型

享有优先清算权的股东在获得了优先分配的资产之后，是否可以作为普通股股东参与后续分配，可以分为以下三种情况，如表7–2所示。

表7–2 优先清算权的三种条款类型

条款类型	具体内容
不参与分配优先清算权	在这种情况下，享有优先清算权的投资方在获得了优先分配的资产之后，不再参与后续分配
完全参与分配优先清算权	在这种情况下，享有优先清算权的投资方在获得了优先分配的资产之后，可以根据持股比例参与后续分配
附上限参与分配优先清算权	在这种情况下，享有优先清算权的投资方在获得了优先分配的资产之后，可以根据持股比例参与后续分配，但当其获得的分配额达到约定数额的上限后就停止参与分配

7.5.3 优先清算权条款的设置

投资方可以通过设置优先清算权条款最大限度保障自己的投资回报。最重要的是，投资方不仅可以获得固定投资回报，还可以根据持股比例获得额外收益，并且可以有效规避投资风险。虽然优先清算权条款的设置比较容易，但在执行过程中可能会遇到很多障碍。例如，公司召开股东大会修改公司章程中有关清算、解散事由的规定，导致公司无法进入清算流程；公司其他股东不配合清算，拖延清算流程，导致投资方无法获得分配资产；清算组成员恶意转移公司资产，导致投资方能够获得的分配金额大幅减少。

如果出现上述情况，投资方可以采取两项措施：第一，根据法律法规规定采取救济措施；第二，在对赌协议中对股东违反优先清算权应该承担的责任做出约定，明确如果投资人因无法行使优先清算权而蒙受损失，需要由其他股东进行补偿。

从被投企业的角度看，虽然优先清算权的设置增加了被投企业的负担，可能使目标公司及实际控制人的利益受到损害，但也可以帮助被投企业在融资洽谈的过程中获得更高的融资额。

一般来说，在投融资洽谈中，投资方掌握着主动权，会主动提出投资协议及对赌协议。在这种情况下，被投企业为了维护自身利益可以采取以下措施：

- 约定不参与分配优先清算权；
- 约定附上限参与分配优先清算权；
- 降低优先清算权的PE倍数；
- 约定单倍优先清算权金额与普通股分配权金额取其高的方式。

在实际投资过程中，专业、理性的投资者不会将优先清算权的PE倍数设置得过高。因为优先清算权的倍数越高，目标公司的管理层及员工能够获得的利益就越少。如果公司发生清算事件，也很难按照约定倍数为投资者分配资产。所以，对于投资人来说，优先清算权的倍数并不是越高越好，而是需要通过与被投企业协商找到一个平衡点。因为对赌协议的条款设置涉及很多专业问题，为了保证设置的条款合理、合法，投融资双方最好向专业律师咨询，以获得专业的意见与建议。

7.6　股权回购条款

7.6.1　股权回购的法律性质

为了尽可能保障自己的利益、规避可能出现的风险，股权投资方通常会在投资协议中与目标公司的实际控制人签署与股权回购相关的条款，即如果被投企业不能在约定时间内达到预期收益或成功上市，那么其实际控制人就需要以协议约定的价格回购股权投资人所持有的目标公司的股权。

根据附加内容的不同，股权回购协议可以分为附期限的股权回购协议和附条件的股权回购协议：

- 附期限的股权回购协议：即股权投资方与投资标的的实际控制人在签署股权回购协议时就约定了股权回购的具体时间。投资标的的实际控制人或股东等应该在明确的时间节点（如一年后）回购股权投资人所持有的目标公司的股权。
- 附条件的股权回购协议：即股权投资方与投资标的的实际控制人在签署股权回购协议时约定了股权回购的条件。投资标的的实际控制人或股东等应该在达到协议约定的条件（如未能在两年内成功上市或达到一定的业绩标准）时回购股权投资人所持有的目标公司的股权。

由于股权回购往往是基于股权回购协议的约定，在投资标的未能在约定的时间内达到预期的收益或未能成功上市的情况下，股权投资人要求投资标的的实际控制人对其所持有的部分或全部股权进行回购。所以，回购权在法律层面属于一种请求权，是一方当事人请求对方当事人履行特定义务的权利。不过，回购权又与一般的请求权有所差别。一般的请求权只是对对方履行某种义务的请求；而股权回购权除要求投资标的方履行义务外，股权投资方也需要履行交付转移股权的义务。

此外，与常见的动产不同，股权进行交付转移时不仅需要以登记为生效条件，而且需要股权转让方和股权受让方的共同参与和配合。因此，股权回购权是一种特殊的、需要双方配合履行的请求权。

7.6.2　回购权的实现路径

在股权回购的具体实践中，依据情况的不同，回购权的实现路径也不同。依据双方签署的股权回购协议，当协议约定的股权回购条件被触发时，如果被投企业的实际控制人或股东愿意依据协议履行股权回购义务，那么回购权就能够顺利实现；如果被投企业的实际控制人或股东不愿意依据协议履行回购义务，那么股权投资方就需要寻求其他的解决途径。

股权投资方可以选择的实现回购权的路径主要有两条：其一，通过法院要求投资标的按照协议约定履行回购义务；其二，以双方签署的合同不能实现为由，通过法院解除与投资标的的投资协议，进而使投资标的返还己方的投资本金以及补偿相应损失。不过，需要说明的是，股权投资方虽然可以借助法律途径维护所拥有的回购权，但无权直接诉请返还投资或赔偿投资损失。

◆继续履行

在继续履行路径中，回购权的实现需要股权转让方和股权受让方共同配合。一方面，股权受让方需要支付股权转让方股权转让所需的资金；另一方面，股权转让方与股权受让方应该签署股权转让协议，让双方配合更改投资标的的股东名册，并签发出资证明书。

不过，如果股权投资方请求法院按照协议的约定履行回购义务而对方拒不配合，那么法院也难以强制投资标的支付股权转让所需的资金。此外，市场监督管理局等部门也基本无法接受法院判决以外的办理股权变更登记手续的做法。

◆解约索赔

作为回购权的另一实现路径，解约索赔的实现需要基于两个基本条件：其一，双方签署的合同中明确约定了股权投资方以退出为目的而入股；其二，股权投资方与投资标的协商后无法进行实际回购。

在解约索赔的过程中，投资标的需要赔偿股权投资方的投资成本、并赔偿其投资所带来的损失。其中，对于投资本金的部分可以比较确定地进行索回，但对于投资本金对应的资金收益，由于其难以进行衡量，因此一般参考民间借贷的标准主张利息损失，具有较大的不确定性。

此外，如果股权投资方通过增资方式入股投资标的，解约索赔可能导致目标公司回购股权的行为发生，而这与目前的司法实践存在冲突。

7.6.3　投资合同条款的优化

为了尽可能地避免投资带来的风险，保证私募股权投资基金能够顺利退出，在最初签署投资合同时就应该尽可能对合同条款进行优化。

◆明确合同宗旨

在投资合同签署之前，明确合同宗旨对于双方来说都具有重要意义。尤其对于投资活动而言，明确合同宗旨一方面有利于更加清晰地解释合同条款、更加准确地行使与合同相关的权利和义务，另一方面能够更清楚地陈述合同双方缔约的目的。

在明确合同宗旨的基础上，双方达成一致意见并行使各自的义务和权利。如果根据投资协议的约定，股权投资方应该在某一固定的时间节点联系投资标的的实际控制人或股东是否需要回购，但如果股权投资方并未及时向投资标的发送回购请求，导致投资标的未能依据协议约定进行回购，将使双方陷入被动的处境。不过，如果双方签署的投资合同条款中明确了股权投资方是为了退出而入股目标公司的，那么基于平衡双方的权利与义务以及不违背合同宗旨的原则，在不存在重大逾期的情况下，股权投资方不会因此丧失回购权。

◆明确通知对象的连带性

为了避免上述股权投资方未能及时向投资标的发送回购请求的情形发生，可以在投资合同条款中明确通知对象的连带性。

一般来说，目前企业的实际控制人与投资标的之间存在极强的关联性，因此在投资合同中可以明确约定当股权投资方需要通知投资标的进行回购时，通知的对象应该包括投资标的的实际控制人和控股股东。如此，在解决回购通知不畅问题的同时，还能够尽可能降低通知的复杂程度。

◆明确回购条件

回购权顺利实现的一个重要基础是回购条件应该尽可能明确。例如，在投资合同条款中可以列明，如果投资标的未能在约定的时间内获得预期收益或未能成功上市，则投资标的应该回购股权投资方所持有的投资标的的部分或全部股权。

◆设定回购选择权

除明确回购条件外，设定回购选择权也可以落实到投资合同条款的优化过程中。

在投资合同中可以约定，在回购条件被触发后，股权投资方有权基于自己的需要（而非限定期限）选择是否通知目标公司回购以及具体的回购份额，这样不仅能够使股权投资方具有更大的退出自由，而且拥有选择退出时间的权利，避免因遗忘或其他原因导致可能丧失退出权的风险。

◆约定解除权

从前文有关回购权实现路径的表述中可以得知，当投资标的逾期不进行回购时，股权投资方需要请求法院要求投资标的履行回购义务或者解除与投资标的的投资协议。实际上，在签署投资合同时也可以在条款中明确约定，如果投资标的逾期不进行回购，那么股权投资方有权单方解除投资合同并要求对方返还投资本金，并弥补相应的损失。

如此，当投资标的不能按照约定履行回购义务时，股权投资方便无须请求法院判决而使己方陷入更复杂的处境中。毕竟在股权回购实践过程中，投资标的如果以"未获得股权前不支付回购款"为拒不回购的理由，股权投资资金的返还将更加困难。而通过在投资合同中加入约定解除权的条款，股权投资方更能实现成功退出。

◆约定减资退出

当股权投资方以增资方式入股投资标的时，解约索赔可能导致目标公司出现回购自己股权的行为，而这与目前的司法实践存在冲突。因此，投融资双方可以在投资合同的条款中约定：当回购条件被触发而投资标的拒不履行回购义务时，投资标的应该以减资的方式使股权投资方实现顺利退出。

7.7　一票否决权条款

7.7.1　设置目的与适用范围

在私募股权投资协议中，一票否决权是十分常见的条款。但严格来说，一票否决权并不属于对赌条款。不过，由于在实际的股权投资过程中，股权的分配方式以及各方的权利义务等因素，均会对对赌条款/对赌协议的设立和实现产生非常大的影响，因此谈到对赌协议必然需要解读一票否决权。

◆一票否决权的设置目的

一票否决权指的是基于公司章程或股东协议，公司的某个或某些股东享有的针对董事会或股东会决议的否定权利。因此，一票否决权针对的对象是董事会或股东会的决议事项。需要注意的是，在没有特别约定的情形下，一般情况下单一股东持股比例超过1/3即拥有一票否决权。因此，初创企业在对第二联合创始人以及核心团队进行股权激励的时候需要注意把控股份数额。

根据我国《公司法》的规定，企业经营过程中的重大事项（如修改公司章程、解散、合并、增资、减资等）需要经过2/3以上具有表决权的股东的同意。而由于投资人所拥有的持股比例小且并不参与企业的经营，因此为了维护投资方的利益，投资人可以在投资谈判的过程中设置一定的规则，对企业创始人的不当决策进行约束。

例如在投资合同中设置一票否决条款。在投资之初，投资人对企业创始人的了解往往不够，而通过设定针对企业重大事项的一票否决条款，能够在一定程度上约束公司创始人做出损害投资人利益的决策，确保与投资人利益关联密切的事项在经过投资人或投资人董事的同意后方可形成决策。

因此，一票否决权设置的目的不仅在于维护投资人的利益、制衡创始人的决策，还能够从投资人的立场出发，保证投资标的的运营不偏离正常的轨道。

◆一票否决权的适用范围

根据我国《公司法》的规定，公司可以分为股份有限公司和有限责任公司。股份有限公司的侧重点在于强调其资合性，《公司法》对其的规定比较严格；而有限责任公司强调人合性，《公司法》对其的规定更注重股东间的协作。因此，股份有限公司和有限责任公司对一票否决权的适用范围存在比较大的差异。

（1）有限责任公司适用于一票否决权。

根据《公司法》的规定，有限责任公司的股东会及董事会可以通过公司章程对议事方式及表决程序进行自行约定，因此通过公司章程使投资人委派的个体享有"一票否决权"并不与《公司法》的规定相违背。而且有限责任公司的人合性特征也使有限责任公司适用于一票否决权。

《公司法》中与一票否决权相关的规定如下：

- 第四十八条："董事会的议事方式和表决程序，除本法有规定的外，由公司章程规定。……董事会决议的表决，实行一人一票。"
- 第四十二条："股东会会议由股东按照出资比例行使表决权；但是，公司章程另有规定的除外。"
- 第四十三条："股东会的议事方式和表决程序，除本法有规定的外，由公司章程规定。股东会会议做出修改公司章程、增加或者减少注册资本的决议，以及公司合并、分立、解散或者变更公司形式的决议，必须经代表三分之二以上表决权的股东通过。”

但对于有限责任公司来说，不是所有的权利都适用。对于《合同法》没有明文禁止的条款，虽然可以进行协议约定，但做工商变更时市场监管部门可能会认定这些条款无效。因此，协议双方在约定一票否决权之前可以咨询当地的市场监管机关，一定要符合《合同法》的相关规定。

（2）股份有限公司不能适用一票否决权。

根据《公司法》的规定，股份有限公司的股东大会同种类的股票享有相同表决权，而董事会实行一人一票制。与有限责任公司不同，股份有限公司不享有通过公司章程自主约定股东大会和董事会“一票否决”表决规则的权利。如果股份有限公司强行在公司章程中就“一票否决权”进行约定，也会因违反法律强制性规定而无效。

《公司法》的相关规定如下：

- 第一百一十一条：“董事会会议应有过半数的董事出席方可举行。董事会做出决议，必须经全体董事的过半数通过。董事会决议的表决，实行一人一票。”
- 第一百零三条：“股东出席股东大会会议，所持每一股份有一表决权。但是，公司持有的本公司股份没有表决权。股东大会做出决议，必须经出席会议的股东所持表决权过半数通过。但是，股东大会做出修改公司章程、增加或者减少注册资本的决议，以及公司合并、分立、解散或者变更公司形式的决议，必须经出席会议的股东所持表决权的三分之二以上通过。”

7.7.2 设置一票否决权的注意事项

一票否决权的应用对于投资标的以及股权投资方而言都具有十分重要的意义，因此在设置一票否决权时需要注意多个方面的事项。

◆应用范围应根据实际情况合理确定

从理论上看，为了尽可能维护投资方的利益，投资方所拥有的一票否决权的应用范围应该越大越好。但实际上，由于企业的经营活动主要由创始人等更熟悉企业商业模式和相关业务的角色把控，如果将与企业日常运营相关的事项过多地列入一票否决权的应用范围，不仅可能导致企业灵活性变差、运营效率低下，甚至可能严重影响企业的发展，进而导致投资人的利益受损。

因此，从保障投资方利益及维护企业日常运营的角度看，一票否决权能够适用的决议事项并非越多越好。将决议事项列入一票否决权适用范围的基本原则应该是不能影响公司的健康发展、不能降低公司正常的运营效率。至于需要将哪些决议事项列入一票否决权的应用范围，应该在不违背相关法律法规的基础上，由投资方和投资标的的创始人共同商定。

◆后轮调整的机制

一般情况下，未上市企业在发展过程中为了获得更多的资金、尽快实现上市目标，往往需要进行多轮融资。而在与不同轮次的投资人签署投资协议后，就有可能使不同轮次的投资人所拥有的一票否决权存在行权冲突。因此，在设置一票否决权时需要尽可能地考虑到后轮次融资的问题，一方面避免不同轮次投资人一票否决权的行权冲突问题，另一方面避免企业的日常运营效率受到较大影响。

此外，为了尽可能避免行权冲突的问题，也可以在投资协议中就一票否决权的应用时效进行约定。例如，当特定股东的持股比例不足多少或投资标的达到预期效益后，对应的一票否决权自动取消；在投资协议中约定投资完成一定时间后，对应的一票否决权自动取消。

◆将一票否决权写入章程

除在投资过程中就一票否决权进行约定外，其具体的执行也是需要关注的重点内容。如果在投资标的的对赌协议或投资协议中就一票否决权进行约定，那么企业也应该修改相应的公司章程，在必要的情况下还需要进行工商变更，以免一票否决权的执行存在阻碍，无法对担保权人、债权人以及新股东等进行约束。

从一票否决权设置的逻辑及目的来看，股权投资人要求拥有一定的一票否决权并不会对企业发展造成阻碍。这是因为：一方面，投资人进行投资的最终目的是获得可观的收益，而公司的发展主要依赖企业的管理团队，所以投资人往往不会对企业的日常运营进行过多干预；另一方面，在签署投资协议时，双方通常会进行充分沟通，使得条款内容的设置达到双方都能接受的平衡点。